JN125405

50歳からは、「これ」しかやらない

1万人に聞いてわかった「会社人生」の上手な終わらせ方

大塚寿
Otsuka Hisashi

PHP

はじめに——50代の過ごし方で、人生が決まってしまうという現実

◉50代の前に広がる可能性と、やる気を削がれる現実

本書で一番言いたいことを要約すると、こうなります。

「50代には無限の可能性がある。だから、悩む」

定年後再雇用か、別会社に就職するか、はたまた起業か。定年を待たずして転職や起業の道を選ぶ人も増えています。もちろん、リタイアして趣味に生きることも、ボランティアで社会貢献を目指すことも、本人の自由。その気になればまったくゼロから新しい仕事を始めることも可能ですし、新たな知識を身につけることも十分に可能な年齢です。

おそらく、これほどまでに将来に対する選択肢が与えられているのは、学生時代以来ではないでしょうか。

一方で、世間の50代に対する風当たりは非常に厳しいものがあります。

「50代が今の時代にキャッチアップしていくのは無理」

「働かないオジサン・オバサンが会社をダメにしている」

「いまだにバブルが忘れられない時代遅れの人たち」

このような言葉がメディアを賑わせています。また、大企業での早期退職制度導入のニュースがしばしば世間を騒がせていますが、その多くは「ダブついた50代が対象」とされています。

さらに企業によっては「役職定年」という壁が立ちはだかります。「55歳になったら部長以下は皆出向」と決められている会社もあります。そのような中、どうやってやる気を出せばいいというのか。やりがいを失い、モチベーションダウンに至る50代も増えているそうです。同じ50代として、このような状況には正直、腹が立ちます。

⊙もっと「わがまま」になっていい

だから、この本を書きました。

多くの選択肢を前に迷い、一方でなかなか仕事にも集中できない。いったい、どのように50代を過ごせばいいのか。私がこれまで会って話を聞いてきた、定年後を楽しそうに生きている人たち、あるいは「50代でこれをやっておけば……」と後悔している人たちの声を集め、その中から「これだけはやっておくべきこと」を集めたのが、本書です。

その中で最も伝えたいメッセージを一つ挙げるとするならば、「50代はもっとわがままになれ」ということです。

学校を卒業後すぐに会社に入り、ずっと会社員生活を送ってきた人はおそらく、知らず知らずのうちに「会社のため」を第一に考えるという思考が染みついていると思います。ですが、そうして会社に滅私奉公したところで、会社が定年後のあなたの人生を支えてくれるわけではありません。

ならばいっそ、開き直ってしまいましょう。思い切り自分勝手になってしまえばいいのです。とはいえ、長年にわたって染みついてきた「組織人」としての常識はなかなか消えてくれません。そこでこの50代を「デトックス期間」にしようというのが、本書の提案です。

一方で、自分のやってきたことの総決算をする年代もまた、この50代です。「働いてきた証を残したい」というのは、人間としての自然な欲求です。「いかに会社人生を終わらせるか」は、その後の人生にも大きな影響を与えるのです。

第二の人生の準備をしながら、自分の仕事の総決算を行う。50代は実は、非常に多忙な時期なのです。

◉1万人に聞いた「後悔しない50代の結論」とは？

本書は主に、50代の一般ビジネスパーソンや中間管理職層、あるいはすでに役職定年を迎えた方を意識して書いています。ただ一方で、役員クラスなど出世街道をひた走っているような50代の人にもぜひ読んでもらいたいと思っています。

というのも、こうした人ほどいざ定年を迎えてから、一気に老け込んでしまうことが多いからです。自分が創業社長でもない限り、会社員人生はいつか終わります。その準備は誰もが、早めに始めておくに越したことはないのです。

もう一つ意識したのが、女性です。今の50代はちょうど、いわゆる「均等法第一世代」に当たります。ロールモデルがない中で道を切り開いてきたこうした女性の方々には本当に頭が下がります。ただ、それだけにいろいろな無理をしてきたという側面もあるのではないでしょうか。

一般に女性のほうが男性よりも切り替えがうまく、「会社人生から自分の人生」への転換もスムーズにできるものです。ただ、それでも長年の習慣が知らないうちに染みついているかもしれないので、ぜひ、本書でご自身の総点検をしてほしいと思います。

本書は私がこれまでライフワークとして続けてきた1万人以上の「ビジネスパーソンインタビュー」を元に、「50代でこれだけはやっておくべきこと」をまとめたものです。また今回は、雑誌『THE21』の協力を得て、読者の方から体験談や意見を集め、それも本書に反映しています。

本書が、人生にとって極めて大事な「50代」という時期を後悔なく生きていくための指針の一つとなってくれれば、これ以上ない幸いです。

2021年6月

大塚　寿

目次

第2章

後悔しない定年後のための「いい会社人生の終わらせ方」

第3章 50代で必ず手放すべき六つのこと

第4章

転職・再就職……定年後のキャリアで後悔しないために

第5章　すべての「人間関係」を50代で再構築せよ

第6章 50代で「一生勉強する自分」を手に入れよう

第1章

「定年」と真正面から向き合い、準備する

01

50代の「焦り」の正体

40代で抱いていた「漠然とした不安」が、いつのまにか「漠然とした焦り」に変わっている……。50代のこの「焦り」の正体はなんだろうか。

⦿このモヤモヤの正体は……？

多くの50代ビジネスパーソンと接してきて、つくづく感じることがあります。それは、**50代になると誰もがみんな「焦り」に似た感情を持つようになる**、ということです。

私自身もそうでした。50歳を迎えたあたりから、なぜかモヤモヤしたものをずっと抱えていました。それが「焦り」であることに気づいたのは、しばらくたってからのことです。

その「焦り」の根っこにあるのはおそらく、もうビジネス人生も最終盤だというのに「何も成し遂げていないのではないか」「もっとやるべきことがあったのではないか」という感情があるからではないでしょうか。

50代でそういった感情を持つのは、一つはもちろん残された時間の終わりが近づいている実感があるからでしょう。それに加えて、40代の頃は中間管理職として大量の仕事に忙殺されつつ、プライベートでも忙しい時期で、あまり考える余裕がなかった。50代になり、プライベートがひと段落し、役職的にもある意味「上がり」の状況に近づいたことで、ふと**「自分の会社員人生はなんだったんだろう」**と考える時間ができた。それが、焦りの原因なのではないでしょうか。

◉「仕事に打ち込む」では悩みは消えない

では、今以上に目の前の仕事に注力すればこの「焦り」から逃れられるかというと、少々疑問です。仕事には基本、終わりがありません。売上100億円を達成したら、次は200億円を目指したくなります。新製品の開発が成功したら、今度はそれをどう改良するかを考えるようになります。

私から見ればもう十分すぎるくらいに実績を上げているような人ですら、この「焦り」からは逃れられないようです。多くの経営者がなかなか後進に道を譲れないのも、これが原因と言えるでしょう。

⊙学生時代以来の「人生の選択」を迫られるのが50代

しかし、ここで考えてみてください。なぜ焦るのかといえば、「まだ、何かをやり遂げる時間がある」からに他なりません。

もう取り返しがつかないのなら、後悔はしても「焦る」という感情は持ち得ません。何かができるのに、何をやっていいかわからない。つまり、**50代の「焦り」の正体は「迷い」なのです。**

実際、50代に与えられた選択肢は数多くあります。定年後再雇用で65歳までずっと今の会社にいることもできれば、早期退職に手を挙げて別の会社に移ることも可能。定年後はすっぱり仕事を辞めて趣味に生きることも（お金さえあれば）可能ですし、起業して個人事務所を作り、80歳以上になっても働いている人もいます。

おそらく、これほどまでに多くの人生の選択肢が与えられるのは、学生時代以来ではないでしょうか。行きたい学校や勉強したいことを選び、やりたい仕事や入りたい会社を選ぶ。そのとき以来の人生の選択を、50代は突きつけられているのです。

ですが、焦りの正体が迷いであるとわかった以上、そのワクチンは明確です。それは「すべきことを決めること」。つまり、**自分は50代で「これしかやらない」と決めること**に他なりません。

すべきことが決まれば迷いが消え、そして、焦りも消えていきます。

本書では50代を上手に生きて、その後の人生を豊かに過ごしているちょっとだけ先を生きた先人たちがやった「これ」だけのことを紹介していきます。

50代は選択肢があるからこそ、迷い、焦る。「これしかやらない」と決めることで、モヤモヤを取り払おう。

02

「会社から自分へ」、人生の主導権を取り返す

会社や上司の命令に「滅私奉公」で従ってきたこの30年。この意識のまま50代を過ごしてしまうと、定年後に困ることになる?

◉会社に忠誠を誓っても、それは結局片思いに

「50代でやることを決める」ために、大前提としてお伝えしておきたいことがあります。それは、会社勤めが長いビジネスパーソンは、**「会社人間から脱却する」という意識を持つべき**だということです。「何事も会社優先」から脱却する、と言い換えてもいいかもしれません。

思えばサラリーマンの人生というのは、会社に振り回される人生でもあります。辞令一つで時には海外にまで転勤を命じられ、「人事評価」というあいまいなものに振り回

され、いくら自分が頑張ったところで、会社の業績が悪化すればボーナスの減額を余儀なくされる……。

そうした組織の酸いも甘いも経験しながら、50代になればある程度の地位に就き、定年になれば十分な退職金がもらえる。それが昭和の時代の「会社人間」のゴールでした。

しかし、今は違います。役職定年の名のもとに管理職から引きずりおろされ、出向で別の会社にやっかい払いされることもしばしば。退職金も年金も、今のままでは十分とは言えない時代になっています。ならばと定年後再雇用で働き続けても、給与は大幅ダウン……。

つまり、いくら**「会社第一」と忠誠を誓ったところで、会社はもうあなたを守ってくれない**のです。それでも40代までは会社に尽くすことで出世の道も開けていましたが、50代になればその芽もなくなります。にもかかわらず、会社に滅私奉公し続けても、それは悲しい片思いに終わるだけです。

⊙「会社の言うことに従わない」ことがリハビリになる

こうなった以上、私たちもその環境変化に適応するために、「会社人間」という〝組織人〟から「自分」という〝私人〟としての人生を取り戻す必要があると思うのです。

そもそも定年になったら、上司もいませんし、会社からの指示・命令もなくなり、自分の判断のみで生きていく生活が始まります。「会社の言う通りに動く」という指示待ちの姿勢では、後手後手に回りがちです。

ある企業にて製造畑一本で歩んできたA氏は、55歳の役職定年を前に、会社に提言し「品質アドバイス部」なる部門（一人部門）を立ち上げてしまいました。「自分の部下の下で働くなんてまっぴらごめん」という理由もあったそうですが、ベテランの知恵を借りたい現場からの要請が引きも切らないそうです。

食品会社勤務のOさんは、55歳で関連会社に出向。しかし、「どう考えてもこの仕事では自分の力は活かせない」と考え、会社に直談判して本社に戻してもらいました。その後はストレスなく働けているそうです。

こうした行動を「わがまま」だと思う人もいるかもしれませんが、私はむしろ、**ある意味「わがままになる」ことこそが、50代に求められる**ことだと思います。自分にとって意味のないと思う仕事は断ってしまえばいいのです。

会社から命じられたことを疑いもなくこなそうとするのではなく、一歩引いた立場で、「本当にこれはやるべきか」を考えてみる。そうして、自分で取捨選択し、自分にとっても会社にとっても最善の道を探る。それが定年後に「一人で考え、一人で決める」ためのリハビリになるはずです。

その結果、「わがままな人」「面倒な人」のレッテルを貼られたところで、どうせ会社員人生はあと10年弱。そう割り切ってしまえばいいのではないでしょうか。

50代の10年間は、「会社人間」モードから脱却するためのリハビリ期間にしよう。

03 「自分のやってきたことをどう残すか」を意識する

人生の大半をかけてやってきた仕事。自身の足跡を残すという意味でも、後進の役に立ちたいという意味でも、なんらかの形で残しておきたいというのは自然な感情だ。

◉「自分の仕事を残す」のはウィンウィンの行動

「50代になったら意味のない仕事は断ってしまえ」と述べました。では、50代がやるべき「意味のある仕事」とは何か。その一つであり、ひょっとすると一番大切な仕事、それが**「自分のやってきたことを形に残す」**ということです。

私の研修先に動画配信やＶＲ（ヴァーチャル・リアリティ）ソリューションを手がける会社があるのですが、最近多いのが、動画を使って製造現場の技術や匠（たくみ）の技を継承するプロジェクトなのだそうです。

こうした現場の職人的な人たちは、「俺の背中を見て学べ」というスタンスで、率先して後進に技術を伝えようとはしないと思っていたのですが、実際は逆。なかなか口で伝えにくいことも多いため、文章化などは面倒くさがる人も多いのですが、動画となるとハードルが下がるのか、誰もが協力的になるそうです。自分の技能が「継承に値する」と認められたことに悪い気はしないのでしょう。

「自分の考えを後世に残したい」というニーズは、あらゆる分野で高まっているように思います。ＳＮＳで誰もが気軽に自分の思いを発信できるようになった影響もあるのではないかと私は思っています。

こうした取り組みは、会社にとっても歓迎です。さらに言えば、やる気の出ない50代がやる気を出せる仕事という意味では、会社にとって有効な人事施策にもなるのです。

◉「火消しマニュアル」が大人気に

少しユニークな例を紹介しましょう。長年、ＩＴ業界で活躍してきたＴさんが残したのは、「火消しマニュアル」です。

みずほ銀行のシステム障害を例に出すまでもなく、システムのトラブルは企業に大きなダメージを与えます。システムエンジニアとして長年働いてきた中で、Tさんには「こういった案件はトラブルになりがち」という勘が働くようになったそうです。例えば、「期末に営業が押し込んできた案件」「規模に比して人数が少ないように思える案件」「クライアントが発注に慣れておらず、どうも要望がアバウトな案件」といったものです。

こうした「勘」に過ぎなかったものを文章化し、実際のトラブル対処法に加え事前にトラブルにならないようにする方法を「火消しマニュアル」として提供したのです。これは現場で非常に重宝されているとのことです。

⊙自慢話よりも「トラブル対策」のほうがウケる

この「トラブル対応マニュアル」は、他の分野でもいくらでも応用できるでしょう。例えば営業なら「顧客トラブル回避マニュアル」、製造なら「ライン停止の前兆マニュアル」など。

自分のやってきたことをマニュアル化する際にやってしまいがちなのが、「俺はこんなにすごかった」という自慢話が中心のマニュアルにしてしまうこと。これでは後輩たちも辟易(へきえき)してしまいますが、こうしたトラブル防止マニュアルなら喜んで活用してくれるはずです。

もちろん、マニュアルは後進に「ただの昔話」「時代錯誤のノウハウ」と思われないようなものにしたいところですが、正直に言えば、私は**「価値があるかどうかは二の次でいい」**とすら思っています。

基本はあなたが残したいことを残せばいい。そうすることであなたは自分の知識を体系化でき、やる気も復活すれば会社にもプラスになる。そう割り切ってしまってもいいのではないでしょうか。

50代になったら、「会社人間」の終活として、自分がやってきたことを後進に残す準備をしよう。

04

「やりたいこと」と「やりたくないこと」のバランスを取る

会社員人生では「やりたいこと」より「やるべきこと」を優先するのが当然。しかし、50代はそれだけではモチベーションが保てないことも……。

⊙本業以外に手を出しまくったある部長

リクルートの名物部長だったIさんの口癖は「**やりたいことと、やりたくないことのバランスを取る**」でした。

長年、人材開発事業に携わり、その後は情報通信事業部の部長というキャリアを経てきたIさんですが、そうした仕事のかたわら、なぜか牧場やスキーリゾートを立ち上げる事業を手がけたりと、さまざまな仕事に手を出していました。

Iさんにとって、特に情報通信事業部の部長という仕事は誰もなり手がいない「火中の栗を拾う」ような仕事だったこともあり、決して「やりたいこと」ではありませんでした。だからこそ、その他の事業にも手を出すことで、〝やりたいこと〟と〝やりたくないこと〟のバランスを取っていたのでしょう。

結局、Iさんはリクルートを離れることになりましたが、その後も大手企業のアドバイザーを務めるかたわら、ずっとやりたかったレストラン経営を手がけたりと、「やりたいことと、やりたくないことのバランスを取る」ことで豊かな定年後を送っています。

⦿50代には「やりたい仕事」など降ってこない

このIさんの言葉は、50代の皆さんにぜひ意識してもらいたいものです。

というのも、50代になると出世も頭打ちになり、会社にとって重要な仕事もあまり回ってこなくなります。そんな中、仕事のモチベーションをどう保つかが重要になります。

前述した「ノウハウを残す」もそんな仕事の一つですが、**「やりたい仕事に積極的に手を挙げる」**のも、そのための一つの方法だと思います。

出版社で長年編集者を務めてきたある方は、50代で管理職を降りてからは「ベストセラーは作れないが、価値ある本なら作れる」と本作りに専念。実際に数年後にある本が賞を取り、会社のブランド価値を大いに高めました。

前述のように、やりたい仕事をするために「一人部署」を作ってしまった人もいます。50代になったら、黙っていて「やりがいがある仕事」が降ってくることはありません。ある程度自分勝手になって、自分から積極的に手を挙げるべきでしょう。

◉取締役からそば屋の主人という異色のキャリア

場合によっては、それはプライベートの「やりたいこと」でもいいと思います。

これもリクルートの大先輩Mさんの話ですが、彼は能力があるために取締役、監査役とどんどん出世街道を上り詰めていきました。しかし、元々現場好きなMさんは、こうした仕事がどうも面白いとは思えませんでした。

そこでのめり込んだのが「そば打ち」の趣味でした。Mさんにとってはそば打ちが、〝やりたいこと〟と〝やりたくないこと〟のバランスを取るために必要だったのです。

この話はここで終わりません。Mさんは50代で会社を退職すると、なんと「そば屋」を開いてしまったのです。元々こだわりの人だったこともあり、雑誌に載るような人気店に。バランスを取るための趣味が、まさに本業になってしまったのでした。

「定年後」に問われるのは、「自分は何をやりたいのか」ということです。ただ、長年の会社員生活で自分の意思を表明しないことに慣れてしまった人は、これが見つからなくて困る人も多いのです。

ぜひ、50代のうちから「やりたいことをやる」ことで、「自分が本当にやりたいこと」を見つけてほしいと思います。

50代になったら意識して、「やりたいこと」と「やりたくないこと」のバランスを取ろう。

05 定年後にやってくる「青春」。そのコンセプトを決める

定年後を「なんとなく」過ごしている高齢者を見ると、自分はああなりたくない、と思う。だが、このままだとその道へまっしぐらのような気もして……。

⦿人生の最後にもう一度「青春」が来る

フランスのノーベル文学賞受賞者であるアナトール・フランスは、「もし私が神だったら、青春を人生の終わりに置いただろう」という名言を残しました。

多くの選択肢があり、その気になれば**やりたいことがやりたいようにできる定年後は、まさに青春そのもの**です。それも、「第二の青春」ではなく、「第一の青春が今だ」くらいの思いでいてほしいと思います。

にもかかわらず、定年後に何もやることがなく、単なる時間つぶしや暇つぶしに終始するシニアがいかに多いことか。

ショッピングセンターやデパートのソファや、図書館などの公共施設で毎日、なんとなく長時間過ごしているようなシニアを見るたびに、「もったいないなぁ」と感じてしまうのは私だけでしょうか。

⊙重要なのは「ワクワクするコンセプト作り」

そうならないために50代を「定年後のための助走期間」として準備してほしいというのが本書の狙いですが、そのためには、自分が「どんな定年後を送りたいか」を描いておく必要があります。

ただ、漠然と考えると「あれもやりたい、これもやりたい」と考えがなかなかまとまりません。そこでお勧めしたいのが、「コンセプト作り」です。**自分の定年後のコンセプトを、短い言葉でキャッチコピー的に表現する**のです。

以下、実際に人から聞いた「定年後コンセプト」の例を挙げましょう。

- **人の喜びのために生きる**
- **「仕事」「趣味」「ボランティア」の三位一体**

- 4勤3休（4勤2休1ゴルフ）
- 生涯現役
- 責任から解放されて、のんびり働く
- 体力が残されているうちに遊び切る
- 孫育て中心

いかがでしょうか。どれもこれもまったくバラバラ。でも、それでいいのです。自由に発想して、自分にとって最もワクワクするコンセプトを書き出してみましょう。

⊙お金のプランだけでは「ワクワク」しない

私の周りには、70歳を過ぎても現役バリバリで働き続ける人、週数日だけ働いて残りの時間は趣味に没頭する人、地域社会に請われてまとめ役やボランティアを引き受けて毎日忙しくしている人など、さまざまな人がいます。現役時代より今のほうが楽しいという人も大勢います。

彼らに話を聞いてみると、コンセプト化しているかどうかはともかくとして**「どんな**

定年後を目指しているか」が非常に明確だと感じます。

ここで気をつけていただきたいのは、これは「60歳で退職金をいくらもらい、70歳で仕事を辞めて……」といったいわゆる「定年後のライフプラン」とは違うということです。

お金についてのプランを描くことは重要ではありますが、決して「ワクワク」することではありません。**まずは定年後についてワクワクする自分を描いてみる。**お金や健康のことはその後考えればいいというのが、私の考えです。

松下幸之助翁は「青春とは心の若さである」という言葉を座右の銘としていたそうです。何事にもワクワクする若い心を持ち続ければ、一生青春を送り続けられるのです。

50代のうちに、定年後の「ワクワクするようなコンセプト」を作っておこう。

06

50代以降を「4段階」に分けて考える

定年後の30年は長い。だからこそ、漠然とプランニングしようとするより、四つに分けて「振り返る」ことで、よりリアルなプランが描ける。

◉「30年ひとくくり」では大雑把すぎる

上場企業に「四半期決算」が義務づけられているのは、変化が激しい現代においては、1年に一度、半年に一度の情報開示では到底、リアルな現状把握はできないからです。早め早めに経営状況を把握することで、問題点にいち早く気づき、直ちに適切な改善や修正を行うことができます。

そう考えたとき、いわゆる「定年後プラン」が、約30年をひとくくりにした大雑把なものでいいのか、という話になります。そもそも途中にマイルストーンを置かなければ、そのプランが予定通り進んでいるのかどうかさえ、人生の終わりまでわからないことになります。

そこで本書では、四半期決算ではありませんが、準備期間を含めた50代以降の定年後プランを4段階に分けることを提案したいと思います。

具体的には、

①50〜59歳：準備期間
②60〜64歳：試行・微修正期間
③65〜74歳：本当の自分のための人生（リアルライフ前期）
④75歳〜　：本当の自分のための人生（リアルライフ後期）

という区分になります。

これも企業経営、部門経営と同じで、それぞれの時期ごとに振り返り、予定通り進んでいなければ修正をしていきます。つまりＰＤＣＡサイクルを回す、ということです。

以下、一つひとつ解説していきましょう。

①50～59歳：準備期間

これまで、おびただしい数のシニアの話を聞いてきましたが、皆さんの後悔の№1は、**「定年後の人生設計を定年前にしておけばよかった！」**というものでした。

もちろん、忙しくてそんな暇がなかったという人もいますが、多くの人は「そこまで忙しくはなかったけれど、なんとなく考えるのを避けていた」のが現実のようです。

準備期間は、実際に行動を起こす前の検討段階も含め、やはり長ければ長いほどいいと思います。50歳になった直後、つまり約10年をあてれば、十分な準備ができるはずです。転職や転籍、独立に備えて、できる仕事の範囲を広げておくこともできますし、自身の市場価値を高めるのに必要な資格を取っておくことも可能になります。

②60～64歳：試行・微修正期間

ただ、いくら時間をかけて準備をしても、定年後の人生が自分の思い描いた通りになるとは限りません。私の周りには60歳で定年後、再雇用の道を選ばずに別会社へ転職するというキャリアを選ぶ人が比較的多いのですが、そのうちのかなりの人が、**最初に転職した会社を短期間で辞めてしまっている**のです。

おそらく、何かしらのミスマッチがあったのでしょう。ただし、その失敗をうまく糧にしたのか、その次に転職した会社には定着している人が多いようです。

そうした現実を見ると、どうやら定年直後から5年程度は最初から「試行錯誤」する期間と割り切って、一発でうまくいかなくても、諦めずに修正、微調整を繰り返す時期にしてしまうのが得策のようです。

逆にまだ機が熟していないと考え、再雇用という道を選ぶのも全然アリです。

③65〜74歳：本当の自分のための人生（リアルライフ前期）

65歳以降は、仕事の責任やストレスから解放され、子供も独立し、住宅ローンも終了して、**本当の意味での「自由」な生き方ができる時期**ではないでしょうか。

自分が自分のために生きることを許されるゴールデンタイムと言っていいでしょう。

そこで、この期間を「リアルライフ前期」と名づけました。

もちろん、リタイアして自由気ままに趣味を楽しむ生活もいいでしょう。しかし私はそこに**65歳以降も「働く」という選択肢をぜひ入れてほしい**と思うのです。昨今のシニアは趣味だけに生きるには「元気すぎる」からです。

以前から、経営者や役員、自営業者の人に関しては、「生涯現役」とばかりに体力が続く限り働くという傾向がありました。しかし最近は、普通のサラリーマン生活を送っていた人が、請われて別の企業に就職するケースも多くなっています。

ある税理士法人の代表税理士から聞いた話です。60代半ばで引退するという前提で退職金用に生命保険をかける人は多いのですが、実際にはその年になっても引退しようとせず、働き続ける人が増えているそうなのです。

これらの生命保険は基本、65歳あたりで引退することがベストになるよう設計しています。つまり、それ以降も働き続けると解約返戻率が低くなり、本人にとって損になるのですが、そんなことはお構いなしとのこと。

フルタイムでなくてもいいので、やりがいのある仕事を持つことは、リアルライフ前期を楽しむためにぜひ検討してもらいたいことです。

④75歳～：本当の自分のための人生（リアルライフ後期）

後期高齢者となる75歳からは、あえて「リアルライフ後期」として、前期と区別しました。やはりこのくらいの年齢になると健康上の問題なども増えてくるため、リアルライフ前期と同様の生活とはいかなくなるケースもあるからです。

後述しますが、ゴルフ三昧の定年後を迎えるつもりが、病気によりゴルフができなくなってしまった人もいます。プランが狂ったとき、どうするか。そこまで考えておけば、より安心して定年後を迎えることができるでしょう。

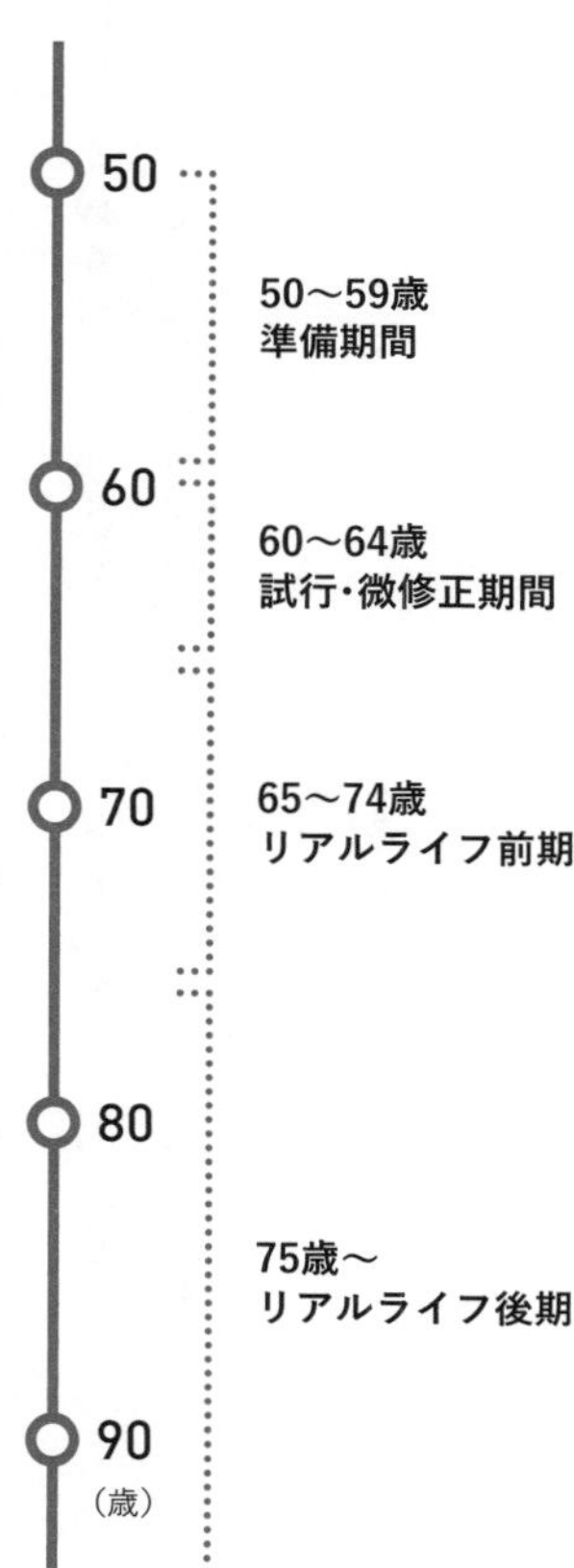

人生の後半戦を後悔しないため、50代以降を4段階に区切ってPDCAサイクルを回そう。

07

「自分の人生はあと1年」と考えてみる

実は深刻な問題となっている「50代でのモチベーションクライシス」。
その理由は定年後が長く、選択肢が多すぎるからかもしれない。
そこで見方を変えて「定年後はむしろ短い」と考えてみると……。

◉極めて深刻な「50代のモチベーションクライシス」

最近よく聞く「50代のモチベーションクライシス」……これは本当に深刻です。

「役職定年により自分の存在価値が感じられなくなった」
「何も達成できないまま定年を迎えようとしている」
「すっかり仕事に飽きてしまった」
「子供が独り立ちしたことで、働く目標を見失ってしまった」

……その理由はさまざまですが、それが悪化してメンタルダウンにまで陥ってしまう人を何人も見てきました。

私自身、このモチベーションクライシスから無縁ではありませんでした。そこで、どのくらい参考になるかわかりませんが、私がそこからどう回復したかの話をさせていただきたいと思います。

◉「今に見ていろ!」で頑張ってきたが……

50代半ばのある春、どうしてもやる気が出ない日が続きました。「季節の変わり目だからだろう」と最初は楽観視していたのですが、その状態が1カ月以上も続き、さすがに心配になってきました。

そこでよくよく考えてみたところ、その原因らしきものが見えてきました。

私は若い頃から、どちらかというと「チクショウ、今に見ていろ」というコンプレックスをバネにして頑張ってきたところがありました。

「人生で最も輝かしい瞬間は、いわゆる栄光の瞬間などではなく、むしろ落胆や絶望の中で人生への挑戦と未来に成し遂げる展望が湧き上がるのを感じたときだ」というフローベールの言葉を座右の銘として、リクルートでトップ営業マンに上り詰め、自費でM

BA留学をし、独立してなんとか事業を軌道に乗せてきました。

そうして迎えた50代。ある成功のおかげもあり、長年抱えてきたコンプレックスが消えてしまったのです。それは非常に嬉しいことであるはずが、コンプレックスをバネにしてきた私はどうやら「燃え尽き症候群」のような状態となり、人生に対するやる気を失ってしまったのです。

⦿「死生観」を意識することでモチベーションが復活

そんな状態から回復するきっかけとなったのは、「死生観」という言葉と出会ったことでした。田坂広志氏がグロービスの「G1」で講演したときの「リーダーが持つべき『死生観』『覚悟』とは?」という動画を偶然見たことがきっかけです。

「人は、必ず死ぬ」「人生は、一回しかない」「人は、いつ死ぬかわからない」という「三つの真実」と向き合うことを説く田坂氏のその話は、私には深く刺さりました。

そこで私は**「あと余命が1年だとしたら、何をするか」**を考え、それを意識しながら生活してみることにしました。「今日が人生最後の日だったら、今日これからやることを本当にやりたいか？」を毎日問い続けたスティーブ・ジョブズの話は有名ですが、さすがに「1日」だと私にとってはリアリティが持ちにくかったので、「1年」としたのです。

生の期限を切るからこそ、何をしたいのか、何をなすべきなのかが明確になってくるのでしょう。徐々にではありますが、私も元のモチベーションを回復することができました。

定年後は長く、いろいろなことができる「青春」時代ではあります。ただ、だからこそ何をやっていいのか迷うというのも、また真実のはず。そんな方はぜひ「自分の余命があと1年しかないとしたら、どうするか」を考えてみてください。

Point

50代で迷いが生じたら、あえて「あと1年で何ができるか」を考えてみよう。

60代以降の「不都合な数字」

▼「一生、一つの会社で勤め上げる」時代の終わり

リクルートワークス研究所が2019年に行った「全国就業実態パネル調査（JPSED）」によると、61歳のビジネスパーソンの30・1％が定年後再雇用者、39・7％が転職者となっています（ちなみに正社員継続雇用が18・0％）。定年後のキャリアパスは再雇用が一番多いかと思えば、実はそうではないことがわかります。

さらに、「定年前」の50代の間に、実に4分の1の人が他企業へ転職しています。つまり、「一生一つの会社にしか勤めない」という人は、意外と多くないことがわかります。

ちなみに同調査によると、60歳時点で「引退」の道を選択する人は7・9％。65歳時は34・4％となっており、60歳で引退する人はさすがに少ないけれど、65歳になると3分の1くらいの人は引退の道を選ぶということになるようです。

ミドルシニアのキャリアパス

■ 年齢別キャリアパスの分布

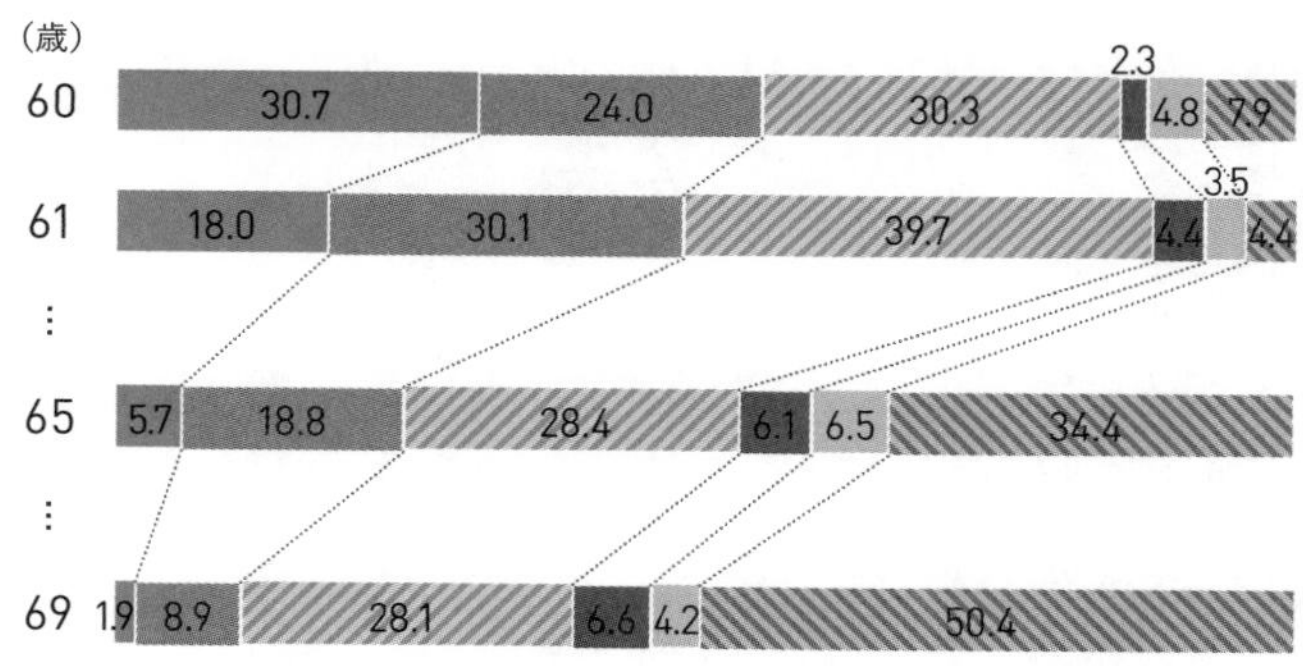

■ 正社員継続就業者（50歳時と同一企業）　■ 定年後再雇用者（50歳時と同一企業）　▨ 転職者（現在雇用者・役員）

■ 転職者（現在自営・起業）　■ 非就業者　▨ 引退者

注）50 歳時点で正社員であり、現在 50 ～ 69 歳の男性を対象としている。各キャリアパスに該当する割合を現在の年齢別に集計し、疑似的に 50 歳からのキャリアパスを示したものである。50 歳時点の同一個人について 50 歳から 69 歳までの推移を集計したものではない。

資料出所：リクルートワークス研究所「全国就業実態パネル調査（JPSED）2019」より抜粋

この調査でちょっと気になるのは、調査から推計されることとして、50～69歳において非自発的引退者がおよそ450万人存在するということです。その中には健康上の理由もありますが、自分に合った仕事が見つからない、いわゆる「ミスマッチ引退」も159万人いるというのです。これだけ人手不足が深刻化している中、なんとももったいないように感じます。

▼年収半減は大げさでも、「4分の3」は紛れもない事実

では、「年収」はどうなるのでしょうか。独立行政法人労働政策研究・研修機構の2020年の調査資料によると、60代前半のフルタイム勤務の継続雇用者の平均年収は374・7万円となっています。これは業種による違いが大きく、例えば金融・保険業の平均は506・8万円、教育・学習支援業は480・0万円、建設業は479・6万円である一方、製造業は軒並み平均年収が400万円に満たず、サービス業は平均以下の325・1万円となっています。

ちなみに「定年後再雇用の年収」については他の調査もあるのですが、おおむねこのくらいの金額か、この金額より50万円も低い調査もありました。「定年後再雇用で給与

定年前後で年収はどのくらい減る?

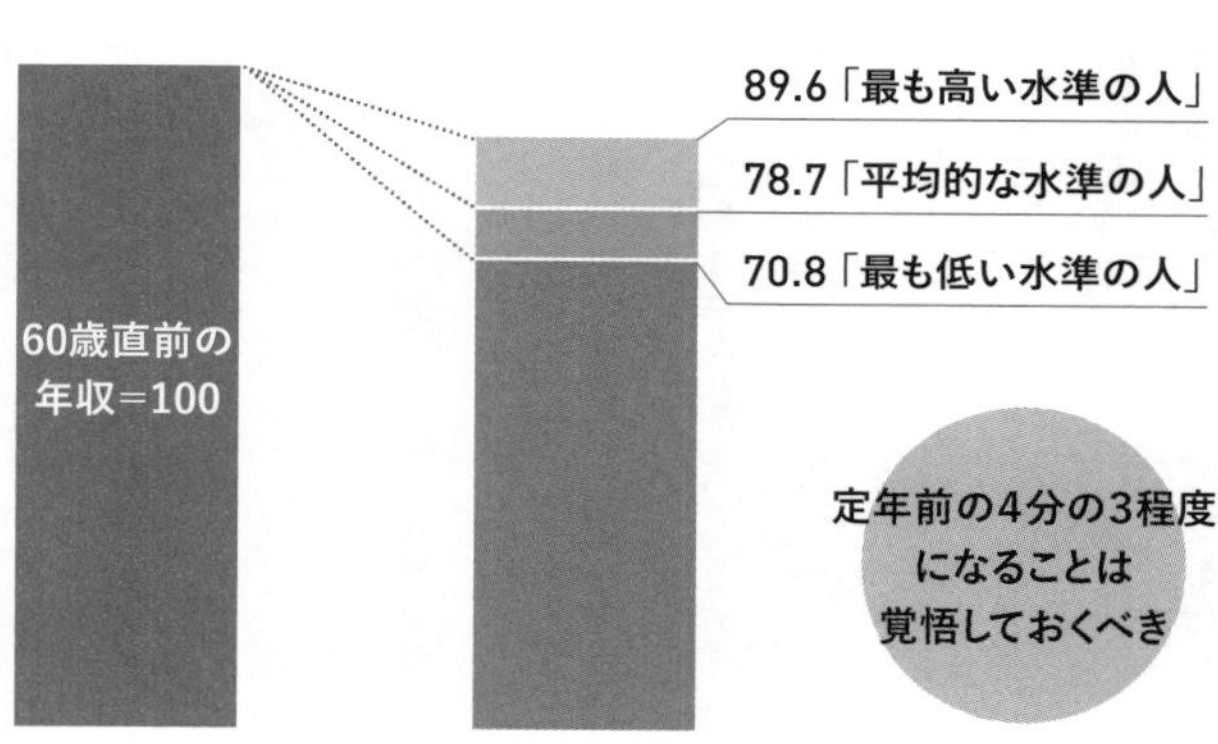

資料出所：独立行政法人労働政策研究・研修機構の調査（2020年）

が新入社員並み」になるというのは、現実としてあり得るケースのようです。

同調査では、60歳直前の水準を100としたとき、それ以降の賃金がどれくらい減ったかの調査もしています。それによれば、「最も高い水準の人」が89・6、「平均的な水準の人」が78・7、「最も低い水準の人」が70・8ということになっています。つまり、さすがに「年収半減」は大げさだとしても、4分の3くらいには減ってしまうというのが現実のようです。

ちなみに、「61歳以降の年収の減少幅が小さい業種」として、建設業、医療・

福祉、飲食業・宿泊業、サービス業、運輸業が挙げられており、減少幅が大きい業種として金融・保険業、卸売・小売業、不動産業、製造業などが挙げられています。

一概には言えませんが、この数字が業界ごとの高齢者人材のニーズを表しているかもしれません。

▼この20年で退職金が1000万円も減っている！

もう一つだけ、残酷な数字を。厚労省の調査では、2018年の大卒定年退職者に支払われた退職金平均は1788万円となっています。

そう悪くないように思えますが、実は20年前の1997年と比べると、実に1080万円も減少しているのです。

一方で、勤続20年から29年の間の退職者に対する退職金の金額は、2013年から2018年にかけて増加しています。これが意味するところはまさに、早期退職制度による割増金でしょう。

つい最近もある大手企業が4000万円もの退職金を上積みして早期退職者を募集するというニュースが流れましたが、それだけの金額を一時的に払ってでも人員構成をスリム化したいというのが、企業の偽らざる本音でもあるのです。

この統計を見て思うことは人それぞれでしょう。年収300万円台は少なすぎると感じる人もいれば、とりあえずそのくらいあれば十分だという人もいるはずです。一方、これだけ転職する人が多いのなら、自分も転職を前提に考えようという人もいるでしょう。

一つだけ言えるのは、「誰にでも当てはまる、一般的な定年後」など存在しないということ。結局、自分だけの固有解、納得解を見つけ出すしかないのです。

第2章

後悔しない定年後のための「いい会社人生の終わらせ方」

01 出世競争から降り、いい意味で「開き直る」

出世競争の勝ち負けは人生の勝ち負けではない。むしろ「早めに出世競争から降りた」人のほうが、幸せな人生を送っている？

⦿「出世競争から降りた人」のほうが楽しそうという現実

出世レースは、すでに40代で決着がついてしまっているものです。もし、自分がそのレールに乗っていないとしたら……40代の頃はそれを気に病んだかもしれませんが、50代になったら、むしろ幸いだと思うべきです。

というのも私の経験上、50代あるいはそれ以前で**「出世競争から降りた人」のほうが、最後まで出世レースに参加した人よりも明らかに楽しい定年後を送っている**からです。

常に勝ち負けにこだわり、ライバルと張り合い、数字に一喜一憂する生活は、おそらく、人間にさまざまなストレスを与えるのでしょう。それが突発性難聴、パニック障害といった病気として現れた知人は何人もいます。原因不明の病気として知られるメニエール病になった人も、片手では足りないくらい知っています。

⦿「病気」がむしろ幸いすることも

ただ、自分自身でそうした生活の問題に気づくことができるのはむしろまれかもしれません。多いのはやはり「病気」によって身体が悲鳴を上げたケースです。

大手システム会社に勤めるNさんは、メニエール病と腎臓結石を患い、駅で倒れて救急車で搬送されたことすらあるほどのストレスを抱えていたそうです。しかし、そんな中で面談した産業医から「何をそんなに怖がっているの？」と問われ、はっとしたそうです。

「考えてみれば、退院後は無事、職場にも復帰できていたし、なんとなれば自分が働けなくなっても奥さんも働いているので、その収入でなんとかなる。必要以上に不安がることはない」……そう気づいたことで、気持ちが一気に楽になったそうです。

今はシニアスペシャリストとして、後進の育成や指導に励む毎日を送っています。

⊙いつまでも出世にこだわった人は、定年後に後悔する？

このNさんの話からもわかりますが、会社人間から脱却して「自分の人生を取り戻す」ためには、**「自分は一体何に不安を感じているのか」を知る**ことがとても重要です。その結果、「別に出世なんかしなくてもなんとかなる」と開き直ることができれば、不要なストレスからは解放されるはずです。

ただ、ここで邪魔になるのが「勝った、負けた」という二元論的思考法です。出世レースに残ったほうが勝ち組で、そうでない人は負け組。その思想に縛られているうちは、いつまでたってもストレスから解放されません。

ただ、そんな勝ち負けはあくまで、あと10年もない会社員生活の間だけの話。その後の30年に関してはむしろ、「負けるが勝ち」とすら言えます。

例えば、出世レースに最後まで残った人は、どうも会社員時代の意識が捨て切れず、定年後の人間関係作りがうまくいかないケースが多いのです。一方、「失敗した人」「病気をした人」は、比較的すんなりとコミュニティに入っていける人が多いようです。

人間関係を縮める鉄板の話題は「失敗話」。そして「病気話」です。

「あのとき大失敗して役職外されちゃってさぁ」「ある日突然、天井がぐるぐる回って……」などという失敗談を面白おかしく語れる人は、すぐに周りと打ち解けることができるでしょう。

人生とは、勝ち負けの二元論では到底、理解できるものではないのです。

「出世＝善」という意識を捨て去ろう。実際、出世競争にこだわった人ほど定年後に苦労している。

02

「自分はそもそも何者か」を徹底的に分析する

自己分析というと「自分の強みを見出す」のが目的とされることが多い。しかし、50代で行うべきは「自分の原点」を見直すための自己分析だ。その具体的な方法とは？

⊙いつのまにか「希望」を持てなくなってしまっている自分

若い頃は誰だって、「あれもしたい」「これもしたい」という夢や希望があったはずです。

しかし、仕事において、すべてが自分の希望通りに進むことはそう多くありません。むしろ、やりたくない仕事をずっとやらされていることのほうが多かったという人もいるでしょう。

そのような会社人生を送っているうちに、「自分は一体何をしたかったんだろう」という問いに答えられなくなってしまう人は非常に多いのが現実です。「自分の希望」という思いを心の奥底に沈め続けていたため、いざ、引き上げようとしてもピクリとも動かないのです。

このままでは残りのビジネスパーソン人生を有意義に過ごすことも、定年後に理想の再就職先に巡り合うことも難しいでしょう。「好きなこと」「やりたいこと」がせっかくできるチャンスなのに、それが見つからなければ意味がありません。

◉「14の質問」に答えるだけで、自分自身が見えてくる

でも、安心してください。あなたの**心の奥底にある思いが消え去ったわけではありません。**ちょっとしたリハビリで、それを思い出しやすくすればいいのです。それが次ページにある「14の質問」です。

キャリア研修などで私はしばしばこの質問について参加者に答えてもらっているのですが、これに答えたことで「数十年ぶりに自分の過去の趣味を思い出した」「入社動機を思い出して自分でもびっくりした」などという感想をいただいています。

自分大分析〜14の質問〜

❶ 本当は何がやりたくて、この会社に入りましたか？
→キャリア採用の人は「今の会社に」

❷ あなたの「強み」は？
→絶対的な強みではなく、相対的な強み。偏差値で表現すると52.5以上のレベルで

❸「強み」の背景にある、何かのエピソード（物語）は？
→「強み」となるに至ったストーリー（物語）でも、その「強み」が活きた仕事のエピソードでも

❹「強み」ほどではないが「できること」は？
→ここは思いつくままに、できるだけ多く列挙し、得意な順に並べ替え

❺ あなたの「弱み」は？
→できるだけ具体的に

❻ あなたの仕事上での「失敗」「挫折」の体験は？
→できるだけ具体的に

❼ 最も“やる気に満ちて”仕事をしていたときは？
→誰となんの仕事をしていたときか、そのときのエピソード、大切にしていたこと
そこから気づく自身の傾向

❽ 最も仕事に対する“やる気を失って”いたときは？
→誰となんの仕事をしていたときか、そのときのエピソード、そのときに感じたこと
そこから気づく自身の傾向

❾ この会社（組織）に足跡として、何を残したいか？
→自分がそこにいた証（あかし）として

❿ どんな「自分になりたい（become目標）」ですか？
→10年後の仕事、収入、資産、社会とのつながりなど

⓫ どんな「自分でありたい（being目標）」ですか？
→❿の「なりたい」が未来だとすると「ありたい」は今現在

⓬ あなたが今後、ずっとつき合っていきたい人は？（何人でも）
→絶対につき合っていきたい人は
→その次につき合っていきたい人は

⓭「自分の寿命があと1年」と告知されたら、何をしたいか？
→いわゆる死生観、死を意識することによって本当にやりたいことが明確になりやすいため

⓮ 気づき
→❶〜⓭に取り組んで、その内容をじっくり分析したとき、
どんなことに気づきましたか？　自由に発想してみてください

これらの質問の答えはぜひ、紙に書いておいてほしいと思います。そして手元に置いておき、しばしば見返してください。

また、年ごとに新たに書き直してみるのもお勧めです。その際、過去のものを捨てずにとっておけば、自分の思いがどのように推移していったかがわかります。

これらの自己分析のアウトプットは、**自分自身がどういう人間なのか、どこから来て、どこに向かうのかを考えるうえでの指針となる**はずです。

再就職活動の面談でも威力を発揮するものですので、ぜひとも有効に活用してください。

50代でしっかり自分の「たな卸し」を行って、定年以降の最適なキャリアを導き出そう。

03 自分の仕事を「総仕上げ」して、次の人生への扉を開く

50代はたった10年、されど10年。成し遂げられることはたくさんあるはずだ。自分の仕事の「集大成」をどうするか。それがその後の人生を決める。

◉「やり切った感」を持って、会社人生を終えたい

せっかく長い時間を費やしてきた仕事です。「やり切った」という思いを持って会社人生を終えられるかどうかは、その後の人生に大きな違いをもたらします。

いわば「総仕上げ」をどうするか、という話です。

役職定年や出向になったあと、モチベーションが落ちたことでどうしても仕事をする気力が起きず、そのままダラダラと定年までの時間を過ごしてしまった……という後悔は、本当にいろいろな人から聞きます。やはり**人は何かをやり切った充実感があればこ**

そ、次に進めるのかもしれません。

では、何を「総仕上げ」とするのか。これはもちろん人それぞれです。会社からそういうお題を与えられているならいいのですが、多くの場合は自分自身で考え出す必要があるでしょう。

その代表的なものは、第1章で紹介した「現場の知恵の継承」です。マニュアルが存在していないような分野では、ここに大きなニーズがあります。

⦿第一線ではないから成し遂げられる仕事もある

もう一つは、仕事そのもので足跡を残すということです。

少々前の事例で恐縮なのですが、部品会社に勤めるWさんの話をご紹介したいと思います。

その会社は長年自動車部品を作ってきたのですが、売上的にはじり貧でした。一方、当時は電気自動車（EV）の黎明期で、これから市場が拡大することが予想されていました。

しかし、ガソリン自動車とEVでは、販路が違います。現役世代は現在の顧客の維持に精いっぱいの状況。そこでWさんは、自分がこのEV関連の取引先を開拓することを「ビジネス人生の総仕上げ」とすることにしたのです。

そして実際、その道筋をつけたうえで、Wさんは定年退職。現在ではこの会社のEV事業は大きな柱に育っているそうです。

このように**第一線ではないからこそ、成し遂げられる仕事もある**はずです。

◉「集大成」があったからこそ、定年後が輝く

もう一つ事例を紹介しましょう。

地方市役所の住民課にて、課長として50代を迎えたKさんが注力したのは「民間への窓口業務委託」でした。

民間への窓口業務委託はその必要性が叫ばれているとはいえ、法律で制限がされていることに加え、個人情報の取り扱いなどもあり、実際にはそう簡単な話ではないというのが現実です。だからこそ、Kさんはこれを公務員としての集大成と位置づけて尽力し、

見事に成し遂げました。

Ｋさんは定年後、大学での就職担当者として新たなキャリアをスタートさせましたが、この経験を学生に話すことで学生を勇気づけているそうです。**50代の集大成がその後の人生にも役立つ**ことがわかる好例だと思います。

何を自分の集大成にするかは、前述の「14の質問」も役立つはずです。会社に貢献し、かつ、自分の人生にも大いに意味を持つ「集大成」はどんなことか。ぜひ、考えてみてください。

50代を後悔しないために、「総仕上げ目標」を設定しよう。

04 雑務もこなせる「マルチタスク型人材」になっておく

「これしかやらない」という本書のタイトルと矛盾するようだが、「これしかできない」人は50代以降、思わぬ苦戦をすることがあるかもしれない。

⊙「お手伝い程度ならできる」を増やしておこう

「50代になったらやりたいことをやれ」と言ったことと矛盾するようですが、50代では**「なんでも少しずつできる」というマルチタスク能力を身につける**こともまた、意識してもらいたいと思います。

これは主に、セカンドキャリアで中小企業に転職する、あるいは独立する可能性がある人に意識してほしいことでもあります。

大企業では人事、経理、営業、開発など、部門ごとに役割が特化されています。そして基本的には人事は人事、経理は経理の仕事だけを行います。

しかし、中小企業となると、営業をやりながらお金の管理をしたり、人事担当者が経理まで手がけたりということが頻発します。その際「私は人事だから他のことはできない」というスタンスだと、その人は早晩相手にされなくなります。

要は「守備範囲を広げておきましょう」ということです。

「得意なこと」と「できること」に加えて**「お手伝い程度ならできること」を増やしていく**、というイメージです。

◉企業はビジネスを学ぶのに最適な「学校」だ

さて、そうした視点に立ってみると、実は**企業というのはあらゆる仕事を「タダ」で学べる貴重な場所**だということがわかります。

他部門の仲の良い同僚に、「あなたの仕事について教えてほしい」とお願いすれば、ランチをおごるくらいの出費でいろいろと教えてくれることでしょう。

あるいは自分の関連部門、営業なら商品開発部の仕事や在庫管理部の仕事について、「自分にも手伝わせてほしい」と首を突っ込んでみるのも一案です。自分の仕事をもっと知りたいという人のことを、他部門の人も邪険には扱わないでしょう。

もちろん、営業一本で来た人がいきなり商品開発や在庫管理のプロと渡り合うなんてことは不可能ですし、その必要もありません。

ただ、それらの仕事がどのような仕組みで動いているのか、どのような「お手伝い」ができるのかがわかれば十分です。


実はこうした情報は、中小企業がのどから手が出るほど欲しがっている情報でもあります。商品開発の専門家として50代で転職したある人物が、前の会社の在庫管理のことを聞きかじっていたがために、転職先で在庫管理部門のトップになった、という例もあります。

⦿雑務のせいで会社を追われたある人物

加えてもう一つ、意識してもらいたいことがあります。それは**「雑務ができるようになっておくこと」**です。

具体的には郵便物や宅配便の発送、商品の梱包、コピーのトナーの入れ替え、といったことです。

大企業である程度の地位にある人なら、アシスタントや人事・総務に任せていたような仕事かもしれませんが、これらもやはり、中小企業あるいは「一人起業」をする際には自分でやらねばなりません。

ある企業で一時は幹部候補と言われた人物の話です。

その人物は、雑務は徹底的に部下やアシスタントに丸投げするタイプだったのですが、あるとき新部門の立ち上げを指示されたことで、一時的に何もかもを一人でやる必要に迫られました。

しかし、そもそもやり方がわからないのと、それを教えてもらうのはプライドが許さなかったのか、他部門のアシスタントに無断でやらせていたのです。それらが発覚して問題視された結果、会社にいづらくなり、ついには会社を出ていくことになりました。

たかが雑務、されど雑務なのです。

Point

50代からは得意分野に加えて「お手伝い程度ならできる業務」「ちょっとした雑務」のスキルも磨いておこう。

05

55歳を過ぎたら、組織のための時間を自分のために使う

50代の10年は、「自分の時間」をどれだけ意識的に確保するかが重要だ。そうでないと、ずるずると「会社人間」のまま定年を迎えることに……。

◉「時間ができたらやろう」では、いつまでたっても始まらない

「50代は組織優先から自分優先に」……これが本書が提案していることです。マインドのシェアでいえば、「会社3：自分7」、あるいはいっそ「会社2：自分8」くらいでもいいのではないかと思います。

そのためには「時間の使い方」もまた、自分優先にしていかなくてはなりません。

とはいえ、30年以上にわたって「会社のために」生きてきた人が、いきなり「自分のために時間を使いましょう」とマインドチェンジするのはそう簡単ではありません。そこでぜひやってみてもらいたいのが、**スケジュール管理による「自分のための時間の予**

約」と「見える化」です。

これはどんなことに対しても言えますが、「時間ができたらやろう」と思っているようなことは、いつまでたってもできないのが現実です。最初からそのための時間を予約しておく必要があります。つまり、**スケジュールを立てるにあたってまず、「自分のための時間」を確保する**のです。

それはここまで述べてきたような「定年後のコンセプトを考える時間」でも、「何かを残すための時間」でもよければ、「定年後再就職のためにスキルを磨く時間」でも、「具体的な転職活動をする時間」でもOKです。

より具体的に書いたほうが行動につながります。例えば転職活動なら、

「自身のスキルを必要としている企業を探す時間」
「リストアップした企業から自身が転職したい優先順位をつける時間」
「『履歴書』のベースとなる要素をまとめる時間」
「信頼できる人に相談する時間」

などと細かいステップに分け、自身のスケジューラーや手帳をどんどん埋めていくイメージです。

◉色分けすれば、ひと目でわかる

そのうえで、「会社のための時間」と「自分のための時間」を色分けして、その比率がどうなっているかを常に意識するようにするのです。

とはいえ日中は基本、会社のための時間になるでしょうから、先ほどのマインドのところで述べたように時間の使い方を「会社3：自分7」までにするのはなかなか難しいでしょう。まずは、**仕事以外の時間について、「会社1：自分9」くらいにする**のがいいと思います。「1」くらいは残業や仕事のための調べ物に使ってもいいが、残りはすべて自分のために、というイメージです。

可視化することで、「どうも最近、自分のための時間が取れていない」という現状が見えてきたら、スキマ時間を活用できないかを考えてみましょう。例えば情報収集なら ば、通勤時間や移動時間などを使ってできるはずです。

多くの人が活用しているのが、「土曜日の午前中」です。まとまった時間を取ることができますし、午前中だけならあまり邪魔も入りません。まずはこの時間を「予約」してしまいましょう。

マインドは「会社2：自分8」で。
仕事以外の時間は「会社1：自分9」に。

「自分のための時間」を
まず予約してしまう

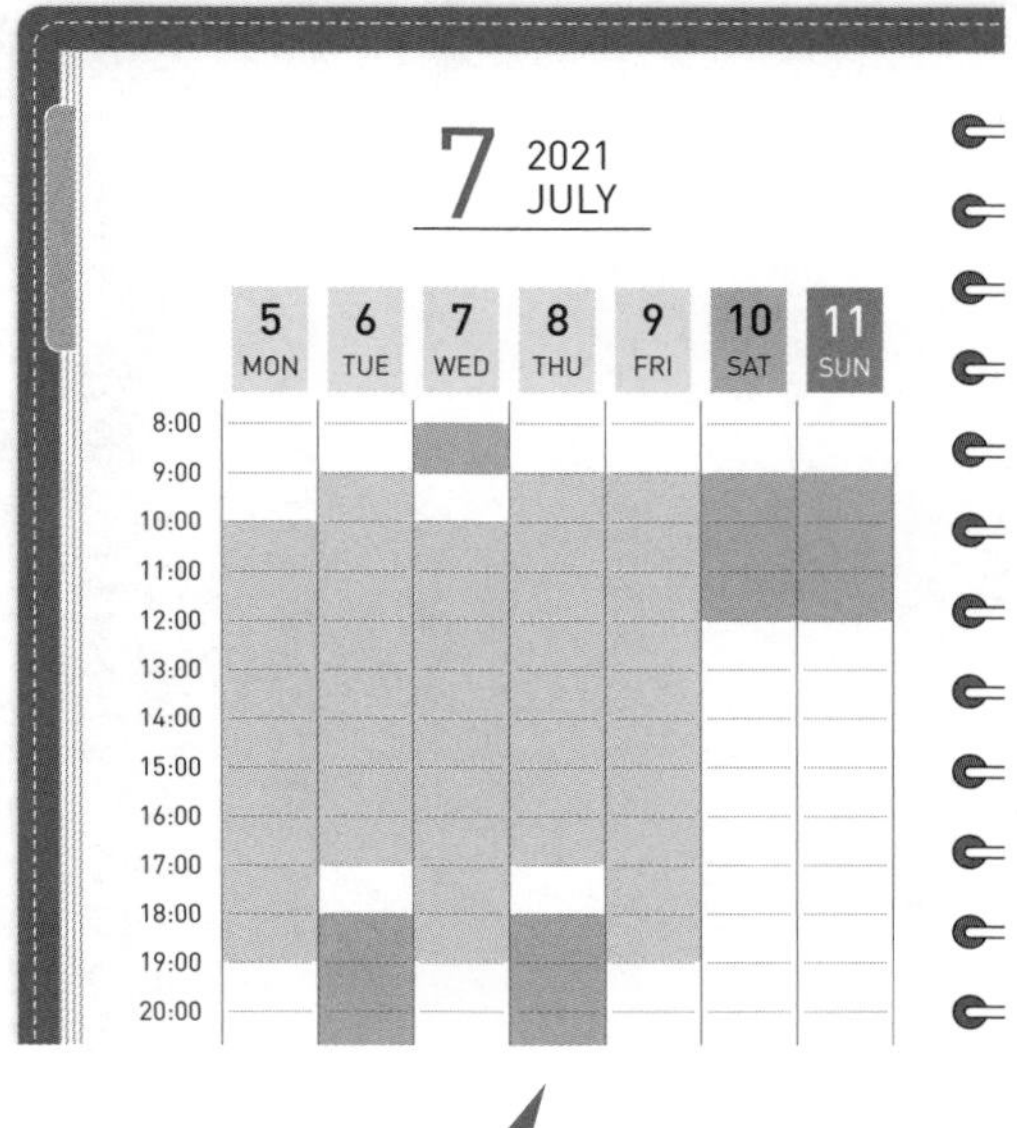

自分のための時間と
それ以外の時間を色分けしておくことで、
「自分のための時間がちゃんと取れているか」が
ひと目でわかるようにする

06 会社にいるうちに「人脈の総点検」をしておく

誰もが口を揃える「人脈の重要性」。50代のうちに今まで培ってきた人脈を「掘り起こす」ことが、定年後に意外なチャンスをもたらすこともある。

⦿後輩を連れて「懐かしい人」に会いに行こう

定年後の転職を成功させたり、個人事業主として生き生きと働いている男性や女性が、私の周りにはたくさんいます。

そうした成功者たちに「定年後のために、50代のうちに大事にしておくことは何か」と質問すると、決まって同じ答えが返ってきます。それは他でもありません。「人脈」です。

本書でもあとで紹介するように、定年後に他の企業の「顧問」として活躍する人は多いのですが、では、どのような経緯で顧問になったかというと、ほとんどが「人脈」なのです。人材紹介会社経由の場合もあるのですが、多くはもっとゆるく「いい人いない？」みたいな会話から始まることがほとんどだというのです。

だからこそ、50代のうちに、会社にいるうちに「これ」だけはやっておきたいこととして、**「自分の人脈をもう一度耕しておくこと」**をお勧めしたいと思います。

数十年にわたるビジネスパーソン人生の中では、お世話になった人、深くつき合ってきた人がいくらでも思い浮かぶと思います。「自分には人脈がない」と考えている人も、思い起こしてみればかなりの人脈を持っているものです。

その一方で、自分や相手の担当が変わってしまったりしたことで、かなりご無沙汰している人も多いのではないでしょうか。

中には20代の頃に深くつき合って以来、20年以上も直接会っていないような人もいるかもしれません。

でも、面白いもので、こういった**若い頃につながりがあった人とは、久しぶりに会うとすぐに当時の関係が復活する**ものです。

まずは、これまで会ってきた人をすべて思い出してみる時間を作ってみましょう。名刺を引っ張り出す、過去の手帳を見てみる、メールの履歴を見返してみる……方法はなんでもOKです。そして、今後もつき合っていきたいと思う人をリスト化しておくのです。

⦿「定期的につながっておく」ことが重要

そのうえで、「この人とは関係をぜひつないでおきたい」という人には、連絡を取って会いに行くことをお勧めします。

ここで、一石二鳥の方法があります。それは、**会社の後輩と彼らを引き合わせる場を設ける**ことです。

例えば役職定年を迎える前に、引き継ぎと称して後継者を連れて会いに行くのです。後輩にとってはもちろんありがたい話ですし、あなたにとっても「最近会っていない人に会う」絶好の機会となるわけです。

そして、その後はゆるく関係をつないでおきましょう。

40、50代の利用率が高い「フェイスブック」などでつながっておくというのも一案です。かつては「年賀状」という手段があったのですが、最近は「年賀状じまい」などという言葉も使われるようになってきているため、それだけだと不十分かもしれません。

むしろ最近目立つのは、夏休み期間や年末など**区切りのいいときに「近況」をまとめたハガキやメールを送る**ことです。

例えば広告代理店に勤めるある人は、自分の名前を冠した「〇〇通信」という自分の近況や業界分析をまとめた資料を1年に一度送っています。内容はとても面白く、かつ、そこからビジネスが展開することもあるそうです。

あなたも、自分にとって一番自然なスタイルで、ぜひ「つながり続ける」方法を考えてみてください。

「定年後もつながっていたい人」には、50代のうちに会いに行き、関係を復活させておこう。

07

「やりたくないこと」は手放し、「苦手でないこと」をやる

50代からは「やりたいことをやればいい」と言われても、肝心の「やりたいこと」が見つからない。そんな人は意外と多いようで……。

◉「どこに再就職すればいいのか」と迷う人たち

前述した「14の質問」で自分の原点を見つめ直したとしても、どうしても「自分のやりたいこと」が見えてこない人はいるものです。

中高年の再就職を担当するアウトプレースメント会社の経営者が、「再就職希望者に『私、どこに再就職すればいいのでしょうか?』と聞かれるのが一番困る」と嘆いていましたが、こうした人は決して少なくないようです。

その背景として、今までやりたいことをさんざん会社や上司から否定されてきたとか、挫折を機にそうしたことを考えるのすら嫌になってしまった、という人もいるかもしれ

ません。30年にわたって蓄積されたものを排除するのは、そう簡単なことではありません。

そんな方には、いったんハードルを下げてみることをお勧めします。

つまり、**「消去法」でやりたいことを選ぶ**という発想です。

⊙やりたくないことを排除したら、仕事が楽しくなった！

例えば、「これだけはやりたくないこと」「苦手なこと」を挙げてみるのです。

「誰かを管理監督、指導するようなストレスはまっぴらごめん」
「数字なんて見たくないから、経理部門なんて絶対に嫌」
「顧客からガミガミ言われたくないから営業なんて無理」

といったものです。

そして、そうした**やりたくないこと、苦手なこと以外だったらなんでもいいと割り切ってしまう**のです。

一つ事例を挙げましょう。

大手損保で営業部長まで務めたCさんですが、実は管理職に向いていないと常々思っていたそうです。そこで定年後は時給1400円のデータ入力の仕事を選びました。

周りの人は口々に「もったいない」と言いましたが、本人はストレスなく毎日楽しそうに仕事をしています。実は一度、時給を上げるので他の人を指導するスーパーバイザー的な役割を担ってほしいと打診があったそうですが、それも断ったそうです。

このCさんのように、プライドやお金から解放されることで楽しそうに仕事をしている人は意外と多いものです。

⊙ 50歳過ぎて「やりたくないこと」をやるのは時間のムダ

これは転職に限りません。残りの会社人生で何をやるかの選択についても、「嫌でないものをやる」というのは、悪くない選択肢だと思います。

むしろ、**50歳を過ぎて「やりたくないこと」をやるのは、時間のムダ**だと言い切ってしまいたいと思います。

こうして「嫌でないものをやる」中で、自分の本当にやりたいことが見つかる。そういうケースは多いものです。

あるいは、真剣にあれこれ考えすぎて、決められないという人もいます。その場合は、「とりあえず」「いったん」ということでやってみるのも手です。

先ほども申したように、定年後に別の会社に転職した人の多くが、さらに別の会社に転職しています。つまり、一回で完璧に決めようとしなくていいのです。

お試しくらいの気持ちで、まずは飛び込んでみる。それでもいいのではないでしょうか。

「やりたいこと」でピンとこないなら、「これだけはやりたくない」という消去法もアリ。

Column

定年後の人生設計は、アフターコロナの新常識を踏まえて

▼「東京一極集中」の時代は終わった？

今の50代の人の多くは、「東京一極集中」の流れの中でビジネスパーソン人生を送ってきた人だと思います。

地方出身者である私もその一人です。大学で東京に出て、そのまま東京の企業に就職し、東京に家を買う。それが当たり前だと思っていました。

東京に限らず、関西圏なら大阪や京都、神戸、中京圏なら名古屋など、都市機能が集積しているところほど価値がある、という常識が、我々の中には染みついています。

そして、都心部に通うために、多少無理をしてでも近い場所に家を買う。しかし、特に東京都心は土地が高いため、長期間のローンを組んだり、中には2時間近くかけて都心まで通うような人が出てくるわけです。

しかしこの、「都心に近いところこそ価値がある」という常識は、コロナ禍により完

全に崩壊したと言っていいと思います。

コロナ禍によるテレワークの広がりは、私たちの働き方を根底からひっくり返してしまいました。この流れが一過性でないことは、本社を売却したり、オフィススペースを縮小したりする企業が相次いでいる一方、シェアオフィスやサテライトオフィスが拡大している状況からも明らかでしょう。

私が専門とする営業研修においても、そのほとんどがオンライン化されました。リアル研修でできることはほぼすべてオンラインでできます。しかも、受講者アンケートの結果はリアル研修よりも満足度が高い、という数字すら出ているのです。

▼今から「地方でのリモートワーク」の準備をしておこう

出社するのが週1、2日なら、例えば私の出身地である群馬県から東京に通うことだって問題ありません。実際にそうしている人もたくさんいますが、これからはさらに増えていくでしょう。

研修に限らず、仕事のほとんどがリモートでもできるとすれば、週1すら通う必要がなくなります。そうなれば、東京の新人営業パーソンの育成を、育成上手な定年退職者が雇用延長で、札幌からテレワークでマンツーマンで育成するというようなことも可能でしょう。

ハードルがあるとすれば、物理的なものよりもむしろ心理的なものでしょう。「会社には毎日決まった時間に出社すべき」「打ち合わせは必ず対面でやるべき」と主張する、あるいは心のどこかでそう思っている旧来型の経営トップや管理職はまだまだ多いからです。

もちろん、業種によってはリアルに対面する必要があるところもあるでしょう。しかし、コロナ禍により多くの人がリモートワークの便利さを知ってしまった以上、こうした揺り戻しは起こりようがないというのが、私の見立てです。何より顧客がリモートを求めているのですから、こちらもリモート対応をせざるを得ないのです。

おそらく都心や都市部に住む多くの人が、「今、住んでいる場所での定年後」を念頭に考えていると思います。しかし、人によっては今住んでいる家を売って地方に移住するだけで、住宅ローンが完済できるだけでなく、おつりまで来る人も多いと思います。さらに、地方での生活コストは都心に比べて安いですから、必要になる老後資金も大きく変わってくるでしょう。

また、親の介護が必要な地方出身者にとっても、こうした働き方ができれば仕事の幅が広がるはずです。

そのために、50代のうちに「リモートでできる仕事」を意識しておくといいでしょう。前述したように研修の仕事はほぼリモート化が可能です。他にも設計、プログラミング、入力、電話対応など、テレワークでできる仕事はいくらでもあります。

50代のうちからそのあたりを踏まえて人生設計をすることで、可能性は大いに広がるはずです。

第3章

50代で必ず手放すべき六つのこと

01

50歳を過ぎたら「何を手放すか」から考える

40代までは「どんどんできることを増やしていく」のが常識だった。しかし、50代でそれをやると「メタボ」になってしまう恐れが……。

⊙上を目指さないなら、経営スキルはばっさり切り捨てる

中年以降の肥満の大きな原因は、基礎代謝が落ちているにもかかわらず、若いときと同じような食生活を送るからだそうです。

50代の仕事についても、同じことが言えると思います。仕事における基礎代謝が落ちているのに、「あれもこれも」といろいろなことを求めると、むしろ「メタボ」になって動きが鈍くなりかねないのです。

第2章では、「いい会社人生の終わらせ方」として、50代で何をやるべきかを述べてきました。しかし、**時間が有限である以上、「あれもこれも」やろうとすると、すべて**

が中途半端になりがちです。

そこでこの第3章では、「50代で手放すべきもの」についてお話をしていきたいと思います。

例えばスキルに関して言えば、20代、30代、40代と年齢を重ねるにつれ、「現場のスキル」や「マネジメントのスキル」を増やしていくというのが、これまでの考え方でした。「できることを増やしていく」拡大主義と言えるでしょう。

さらに言うと、必要とされるスキルは「個人スキル」から「組織スキル」へと変化していく傾向にありました。自分一人で成果を出すのではなく、チームを巻き込みより大きな成果を上げるべく、年齢が上がるに従って組織スキルを身につけるべき。上司は自分ではなるべく手を動かさず、人を使って成果を上げるべき。そういう考え方が一般的でした。

では、50代になったらどうするか。ここでいったん「拡大主義」はストップしましょう。

もちろん、「部門トップ」「役員」「社長」とキャリアパスを上り詰めたいと思っているならば話は別ですが、そうでない人にとっては「無用の長物」になりかねないのです。

◉「英語」を手放したある部長

むしろ50代に求められるのは、「スキルの絞り込み」だというのが私の考えです。

今までいろいろなスキルと向き合ってきて、自分なりに「これは得意だ」「これは苦手だ」というものがあったと思います。

そのうちの「得意なもの」だけに集中し、あとのものは捨て去ってしまう。人を引っ張っていくのが苦手なら、もうそれは諦めてしまう。どうしても数字が苦手なら、もういっそ数字は読まなくていいと達観する。**50代以降は「苦手なものをなくす」という発想をやめてしまう**ということです。

外資系企業で働くMさんの例です。Mさんの会社は元々日本企業だったのですが、会社が外資系に買収されたことでアメリカ企業の傘下に。最初は英語の勉強もしたそうですが、どうも根本的に向いていない。そこで開き直って「もう自分は営業力一本でいく」と決めたそうです。

するとそんなMさんの営業力が評価され、会議の際は専属の通訳すらつけてくれることになったそうです。「中途半端に英語を勉強しなくてよかった」とは、Mさんの弁です。

交渉力、雑談力、段取り力、数字を読む力、論理的思考力、営業力、リーダーシップ……ビジネスにおけるスキルは山ほどありますが、50代になったら一度「自分の得意なものは何か」をぜひ、考えてみてください。そして、それ以外のスキルはあえて「捨てる」。

もちろん、勉強したいのならばすればいいとは思いますが、**「広く浅く」からは脱却する**こと。それが50代には必要なことなのです。

50代になったらまず、手放すことと、やらないことを決める。

02

55歳からは「責任」を手放す

ビジネスパーソンに立ちはだかる「役職定年」の壁。

しかし、考えようによっては絶好の「意識改革」になるかもしれない。

⦿30年来抱えてきた「責任」を手放してみたら……

50代に立ちはだかる壁、それが「役職定年」です。

この制度がある企業では50代後半、多くは55歳で役職を解かれ、残りの会社人生を一社員として再出発することになります。

野球に例えるなら、まだまだ投げられる先発投手を5回で降板させた上に、「今度は外野を守って」と別の仕事を押しつけるようなもの。私自身、正直、この制度には疑問を感じますし、多くのビジネスパーソンも、ネガティブに捉える人が多いように思っていました。

そんな中、先日、ビジネス雑誌『THE21』の企画にて、50代のビジネスパーソンの皆さんと座談会をする機会があったのですが、そこで聞いた「生の声」は、私の予想を裏切るものでした。

その座談会ではむしろ、**役職定年を経たことで「自分の裁量で好きなことができるようになった自由を感じる」というポジティブな意見も多かった**のです。

実は、このように役職定年を前向きに捉えている人にはある共通点がありました。50代を迎えるまで仕事に全力投球してきたこと。そして、そのストレスから身体が悲鳴を上げて、病気やメンタルダウンを経験したことがあったということです。

そんな彼らは役職定年によってむしろ責任を手放したことで、すっきりしたというのです。

⦿ビジネス人生とは「目標に追われ続ける人生」?

この感覚がおわかりになる人は多いのではないでしょうか。

思えば30代くらいで「中堅」と呼ばれるようになってからずっと、「あのプレゼンを成功させねばならない」「数字を達成しなくてはならない」など、常になんらかの責任を感じて働いてきたのではないでしょうか。寝ても覚めてもそのことが頭から離れないまま、ずっと過ごしてきたのではないでしょうか。

その責任を手放せることになれば、どんなに自由か。

むしろ救われないのは、役職は下がったのに責任感だけは今までと同じ、という人かもしれません。朝から晩まで働き続け、数字を追いかける。「責任感の現れ」と言えるかもしれませんが、会社にそうまでして尽くしたところで、何も得るものはないというのに……。

⦿他者評価から自己評価へ

ということで、50代になったらまず手放してもらいたいのは「仕事に対する責任」です。

仕事をサボれ、ということではないのですが、これまで、過剰なまでに会社からの期待に応えようとしてきた意識を変え、**期待に応えられなくても「まぁいいか」くらいに**

思うようにしてほしいのです。

そもそも、責任といえば聞こえがいいですが、その多くは会社から課された目標に対する責任であり、その正体は結局「他者評価」なのではないでしょうか。

定年後には会社も上司もなくなります。つまり、あなたを評価してくれる人は消え去り、すべてが「自己評価」の世界になります。

上からの指示も命令もなく他者評価もない中で、「どう生きれば一番幸せか」を考え、実行していくのが定年後です。その状態に徐々に慣れていくための第一歩が、「(会社に対する)責任を手放す」ことだと私は思うのです。

「責任」という名の「会社からの評価」を手放して、自分が本当に価値があると思うことをやろう。

03

「できる上司と思われたい」誘惑を手放す

「上司は部下よりも優れていなくてはならない」……そんな呪縛があなたを苦しめていないだろうか。だが、部下が求めているのはむしろ「共感」かもしれない。

◉自分では「できる上司」だと思っていたのに……

あるメーカーで管理職を務めていた、50代前半のEさんの話です。

Eさんは常に積極的な部下指導を心がけており、こまめなアドバイスも欠かしたことはありませんでした。

このメーカーではいわゆる「360度評価」を採用していました。上司が部下を評価するだけでなく、上司も部下や同僚から評価される仕組みです。Eさんはなんと、この360度評価にて部下から、「この上司の下では働きたくないので、上司を代えてほしい」と、最低評価をされてしまったのです。

まったく思い当たる節のなかったEさんは、何かの間違いではないかと人事部に調査を依頼したほどでした。

なぜ、このような評価を受けてしまったのか。

実はEさんはアドバイスには熱心でも、典型的な「部下の話を聞かない上司」だったのです。要は「人の話も聞かず、求めてもいないアドバイスをしてくるズレた上司」だったというわけです。

当時の自分について、Eさんは「部下にリスペクトされたい、頭の回転が速い上司だと思われたいという気持ちが強すぎた」と振り返っています。

「一を聞いて十を知る」上司だと思われたいがため、**少しだけ話を聞いてわかったような口を利いたりしたことが、「話を聞いてくれない」という悪印象につながってしまったようでした。**

◉「人に任せて60％なら上出来」と考える

酷なことを言うようですが、50代ではもう「上司」としてのあなたの評価は固まってしまったと考えたほうがいいでしょう。にもかかわらず「できる上司だと思われたい」

という気持ちが強すぎると、Eさんのように独りよがりになってしまい、かえって評価を下げることにもなりかねないのです。

では、50代はどんな上司を目指すべきか。まず、これは40代以前にも言えることですが、**「任せ切れる上司」**になるべきでしょう。

前述した大手システム会社のNさんは、55歳の役職定年後も、適任者がいないからと特例としてマネジメント職にとどまっていました。しかし、このままでは後進が育たないと考え、58歳で自ら立場を退き、後輩に任せる方向に舵を切ったそうです。

その際、**「自分がやれば100％の出来だとして、人に任せて60％くらいの出来なら良しとする」**と決めたそうですが、これは「人に任せる」にあたって非常に重要な考え方です。

⊙「いい上司の呪縛」から脱却し、楽しそうに仕事をする50代

さらにもう一つ挙げるとするなら、**「等身大の自分を見せられる」上司**であること。具体的には「失敗体験を面白おかしく語れる上司」と言ってもいいでしょう。

上司や先輩社員の自慢話など、誰も聞きたがりません。一方、失敗談なら聞いたほう

にとっても他山の石として参考になりますし、何よりその人に対して親近感を抱きます。すると、自分の悩みを相談しようかという気にもなってくるのです。

ちなみにこの「失敗談を話せる」というのは、50代にかかわらず成功する人の一つの条件のように思います。失敗を笑いながら話せるということは、その失敗をすでに乗り越えたということであり、それが人間としての深みを与えるということなのかもしれません。

40代のときはいわゆる「怖い上司」だったのに、役職定年を機に「話のわかる人」として、若手の良い相談相手になっている人を知っています。「できる上司だと思われたい」という思いを手放したことで、本来の親しみやすい人柄に戻ることができたのでしょう。

何よりご自身が、40代の頃よりずっと楽しそうに仕事をしているのが印象的です。

Point

「できる上司と思われたい」という思いを手放し、挫折や失敗談を面白おかしく語れる人を目指そう。

04

50代になったら、「イヤな奴とはつき合わない」

「組織の中では上司も、部下も、同僚も選ぶことはできない」
……そんなサラリーマンの常識は、50代になったら忘れてしまおう。

⦿ある日突然、やる気のない同僚がやってきて……

イヤな上司、生意気な部下、いけ好かない同僚……。「職場の人間関係」は、常にビジネスパーソンの最大の悩みです。

しかし、それを会社に訴えたところで、明確なパワハラでもない限り、「もう少し我慢できないか」「部下をうまく使うのが上司の仕事だろう」と、取り合ってもらえませんし、「トラブルメーカー」との烙印を押されてしまう可能性もあります。

そんな「人間関係のトラブルはなるべく我慢する」という常識は、50代になったら捨て去りましょう。私は**「50代になったら、イヤな奴とはつき合うな」**と言い切ってしまいたいと思います。

ある会社で、補助金申請のエキスパートとして働いていたNさんの話です。

ご存じのように補助金の申請というのは手続きが複雑で、「わざとわかりにくくして、補助金を諦めさせるのが狙いではないか」と揶揄（やゆ）されるほどです。

Nさんはその豊富な経験を活かし、取引先の顧客が行政からのさまざまな補助金を獲得できるよう、状況分析から提案、申請書作成までの実務を担当していました。

そこにあるとき、親会社を役職定年になったある人物が、Nさんの同僚として異動してきたのです。

ところが彼は、収入が減ったことが不満なのか、あるいは子会社の慣れない業務が不満だったのか、そもそも出向自体が不服なのか、仕事に対して非常に投げやりな態度を取り続けたのです。

自分の仕事に誇りを持っていたNさんは彼の態度が我慢ならず、日増しにストレスを溜めていきました。しまいには会社に行こうとすると動悸がしたり、お客様との会話に集中できなくなったりすることも。いわゆる「うつ病」の症状です。結果、しばらく休職することになってしまったのです。

休職期間が終わり、会社と復帰の相談をする際、Nさんはきっぱりと、「またあの人と一緒に仕事をさせられるなら戻らない！」と宣言したそうです。

結果、その人物は別のところに飛ばされ、Nさんは無事元の職場に復帰。症状もピタリと収まり、Nさんはその後も自分の専門知識を活かしながら働き続けることができたのです。

⊙我慢は30年で十分。あとの10年は「自分勝手」でいい

実は**50代という時期は、役職定年や出向などで、人間関係が激変する時期**でもあります。しかも、そうした人事に不満を持つ人も多いため、さまざまなトラブルが起きがちです。

そこで「組織の中では上司も、部下も、同僚も選ぶことはできない」と諦め、「いい人」「八方美人」に徹したところで、果たしてあなたにメリットはあるのでしょうか。

どうせ勤められてもあと10年。しかも50代は、その後の人生の準備をする大事な時期です。ここは思い切りわがままになってしまうことをお勧めします。

それにNさんのケースでわかるように、専門知識を持つNさんを失って困るのはむしろ会社のほうなのです。会社への貢献という意味でも、堂々と主張すべきです。

もし、会社が訴えを聞いてくれなかったら？

産業医や社内カウンセラー、あるいは人事への申告制度など、使えるものはなんでも使ってやりましょう。

こういった制度が若い社員のためにあると思い込んでいる人もいるかもしれませんが、そんなことはまったくありません。むしろ、「中年うつ」「老年うつ」の問題は、年々深刻化しています。

もう30年も我慢してきたのです。最後の10年くらい、**人間関係についてもある程度わがままになってしまってもいい**のではないでしょうか。

50代になったら「イヤな奴」を我慢しない。「いい人」「八方美人」を手放そう。

05

「名刺なし」でも、自分について語れるようになっておく

ビジネスパーソンにとって名刺は重要な存在。だが、それにしがみついていては、いつまでたっても会社人間からは脱却できない。

◉「元部長」の名刺を配り歩く勘違いエリート

某有名進学校の同窓会の席で、実際にあったエピソードです。

久しぶりに同窓会にやってきたある人物。彼は東大を経て官僚になり、その後有名企業に天下りするという典型的なエリートコースを歩み、定年を迎えました。

そんな彼は久しぶりに会った人たちに、しきりと名刺を渡してきます。同窓会で名刺を配るというのはそもそも野暮な話なのですが、その名刺にはなんと「○○商事株式会社、元部長××△△」とあったのです。

これには全員、思わず失笑。結局、誰も彼のそばには寄りつかなくなり、彼もそれ以来二度と同窓会に来ることはなかったそうです。

「定年後の名刺」に関する笑い話は枚挙にいとまがありません。町内会でなぜか昔の名刺を配る人、個人の名刺に出身大学（もちろん一流とされる有名大学）をなぜか入れている人……。

現役時代、**著名企業で高い役職に就いていた人ほど、この「名刺の誘惑」から逃れられない**のが事実のようです。

ただ、その名刺で周りの人がチヤホヤしてくれたのは、本人をリスペクトしていたからではなく、その名刺の役職が持つ権力を崇めていたからです。「元」になった瞬間、その力は一瞬で消え失せます。そこを理解できない人は、この人のように「痛い人」となってしまうわけです。

⦿「名刺なし」で自分について語れるか？

その気持ちもわからなくはありません。彼らにとっては「○○株式会社の部長」が唯一のアイデンティティだったのでしょう。

それを喪失した瞬間、「何者でもない自分」と直面し、それに耐えられなくなってしまったのです。

この点、現役時代にあまり出世する機会に恵まれなかった人のほうが、定年後に新しいコミュニティに自然に溶け込み、楽しく過ごせる人が多いようです。これはある意味、出世競争に敗れた人の「リベンジ」かもしれません。

さて、こんな「痛い人」にならないよう、50代でやっておくべきは「名刺を手放す」ということです。具体的には、**「名刺なしで自分について語れるようにしておくこと」**となります。

まずは、仕事相手以外の人に対し、名刺なしで自分を語れるようにしておきましょう。仕事の話をしてもいいのですが、それだけでなく、趣味や関心のある分野など「自分はどういった人物なのか」を語れるようにしておくべきでしょう。

◉「マウンティング」は忘れてしまおう

ここで、間違えがちなことを一つ。**自分を語る際に意識すべきは「自分はいかにすごいか」ではありません。**「どうしたら相手が関心を持ってくれるか」であるべきだということです。

ビジネスの丁々発止（ちょうちょうはっし）の世界で生きてきた人はつい「あんなすごいことをやった」「あんなすごい人とつながっている」などと「マウンティング」に走りがちです。

それが仕事相手ならば、ある程度ハッタリを利かせる意味もあるかもしれません。しかし、そうでない人にとってはそんな自慢話を聞かされたところで、「ふーん」というだけですし、「自分をひけらかす嫌な人」と悪い印象すら与えてしまいます。

いわゆる「マウンティング」は、50代のうちに、会社員のうちに手放してしまいましょう。

Point

50代になったら、まずは名刺なしで自分をプレゼンできる人間になろう。

06 「妖精さん」と呼ばれようと、仕事やってる感を手放す

どうしても周りが気になる50代。「働かないオジサン・オバサン」呼ばわりされるのが嫌で、ついつい仕事を探してしまう。でも、それって本当に建設的なことなのだろうか……?

◉「妖精さん」をご存じですか?

50代のいわゆる「仕事しないオジサン・オバサン」のことを、その存在感のなさから「妖精さん」などと呼ぶそうです。

例えば、会社に来たはいいがずっと新聞を読んでいる人、隠れて転職サイトを眺めている人、同年代の人同士でずっと喫煙室や給湯室でおしゃべりしている人……。そんな人はどんな会社にもいるようです。

一方、自分ではやりたい仕事をしっかりやっているつもりなのに、陰で「仕事をしないオジサン・オバサン」「妖精さん」呼ばわりされて苦しんでいる人もいるかと思います。

では、それに対してどうするか？

「言わせておけばいい」と割り切ってしまえばいいと思います。

というのも、ここで変に色気を出して**「仕事やっているフリ」をするほうが、よほど時間の無駄**だと思うからです。

その典型が「無駄な会議」でしょう。時間が有り余っているからか、いろいろな会議に顔を出したがる50代社員がいますが、これは自分のためにも相手のためにもなりません。

むしろ、不要な会議を廃止することこそが、50代に与えられた仕事だと思うべきでしょう。上司の立場から、あるいは役職定年後の「気楽な外野」の立場から「この会議って本当に必要？」と問題提起して、不要な会議をなくしていく。こういう提言なら、若手にとっても大歓迎なはずです。

用もないのにラッシュ時に通勤することは、わざわざ「密」を作り出しているようなものです。

⦿「早朝出勤＝善」という意識を捨て去ろう

また、用もないのに「朝早くから会社にいる」ことも避けましょう。

とりわけコロナ後は、通勤時間をずらすオフピークが推奨されるようになっています。

そして「調整」です。本来、社内人脈が広い50代にとって、社内調整は存在価値を示す絶好の機会でもあります。実際、そういうことになると急に張り切り出す「調整オジサン」や「仕切りオバサン」はどんな会社にもいるものです。

ただ、原点に返って考えてみれば、わざわざ**「調整」が必要になるということは、社内の意思決定フローがちゃんと回っていないということ**です。

自分が調整すればすぐに済むような案件も、あえて正式なルートで提出させるようにする。それでうまく回らないようなら、仕組みそのものの変更を提言する。それが、50代に求められる本当の仕事です。

◉「いつものメンツとの飲み」は楽しいけれど……

最後にもう一つだけ、「50代で手放しておくべき」ことを申し上げて、この章を終えたいと思います。それは、「同年代のいつもの仲間との、いつもの飲み会」です。

話のわかる同年代のメンツと飲むのは楽しいものです。ただ、特に男性ばかりだと、その内容はついつい昔話になりがち。あるいはうまくいかない現状に対する傷のなめあいになりがちです。しかも、そこで仕事について愚痴を言っているうちに、なぜか「自分は仕事をやっている」という気になってしまうのもやっかいなところ。

コロナ禍で飲み会自体が激減しているうちに、こうした習慣を断ち切ってしまうことをお勧めします。

誰から何を言われようと「働いているフリ」だけはしないようにしよう。

「フロントランナー」だった50代女性。だからこそ今、すべきこととは？

▼50代女性は本当に多種多様

私の著書を読んだ方からしばしば、「女性目線が少ないのではないか」という指摘を受けることがあります。私が話を聞いた1万人以上の人の多くが男性であることは事実ですが、それでも女性からも数多くの話をうかがってきましたし、事例としてもいろいろと使わせてもらっています。

それでも「女性目線が少ない」と評価されてしまうのはまさに不徳の致すところなのですが、ここで一つ言い訳をさせていただきますと、「女性の事例はあまりに多種多様で、男性のように一般化するのが難しい」ということがあります。

結婚よりも「仕事」を選び、50代になってもいきいきと働いている人。一方、家庭と仕事を両立させながら器用に働いている人。50歳で仕事を再開した直後に、その能力が認められて一気に大きい仕事を任せられた人。あくまでマイペースで、趣味を中心に生きている人……。同じく50代を楽しそうに過ごしている人でも、その考え方や特徴は本当に人それぞれなのです。

また、この世代はちょうど働き始めた頃に「男女雇用機会均等法」が、そして40代後半〜50代のときに「女性活躍推進法」が成立しました。まさに「働く女性」という新しいキャリア像を切り開いてきた年代なのです。

つまり、「フロントランナー」であるがゆえに、現在の60代以上の人のアドバイスが通じにくいという側面があるのです。

▼走り続けてきた人は、このあたりで一休みすることも大事

そんな「多種多様な50代女性」ではありますが、それでもあえて分析すると、以下の二つのタイプに大きく分かれるような気がしています。

まずは、とにかくエネルギッシュに次から次へとチャレンジをしている人。彼女たちを見ていると、50代の女性こそが今後の日本を変えていくキーパーソンになるのではないかとすら感じます。

ただ一方で、「頑張りすぎているのではないか」という思いがよぎることもあります。

長年編集の仕事をしていたUさんは、二人の子育てをしながら、朝4時起床、6時から仕事という生活をずっと送り続けてきました。編集長を務めたのち50歳で独立し、好きだった海外関連の編集の仕事に就くも、55歳ですべての仕事をやめて、「今後は好きなことしかやらない」と宣言。

私もあるプロジェクトを一緒にやっていたので慰留したところ、彼女は「私、ゆっくりしたことないんだよね」とひと言。ずっと走り続けてきた彼女には、「立ち止まって人生を考え直す時間」が必要だったのだということが、そのひと言でよくわかりました。

これは男性も同じですが、定年まで全力で走り続けてしまうと、仕事がなくなったことで心にぽっかり穴が開いてしまい、その後、急速にエネルギーが失われてしまう恐れがあります。彼女のように全速力で走り続けてきた方は、50代のうちに「少しゆっくりする」ことを意識してほしいと思います。

▼「愛される50代女性」「疎まれる50代女性」その違いとは?

その一方で、「自分の仕事はここまで」と自分で線を引いてしまい、それ以上のことをあまりやらないような方もいます。ただ、それでも「自分の仕事をしっかりとやり遂げて周りから感謝される人」と、「働かないオバサンなどと揶揄される人」とにくっきりと分かれるから不思議なものです。

では、その違いを生むのは何か。もちろん理由はいろいろあると思いますが、その一つとして、「自分のやりたいことをやっている時間を持っているか」が重要な分かれ目になっているように思います。

ある企業で40年間「業務のプロフェッショナル」として働いてきたYさんは、仕事の正確さとその人当たりの良さで誰からも頼りにされる人物でした。プライベートでは独身を貫いた彼女の趣味は「マンガ」。ものすごい量のマンガを読破し、周りの人にもお勧めを貸したりして喜ばれていました。他にも様々な趣味を持っていたYさんですが、「自分の時間」を持っていたことが仕事にゆとりを生み、それが「人当たりの良さ」となっていたように思います。

ちなみに彼女は定年になると、趣味に生きるためか延長もせずにさっさと会社を辞めてしまったのですが、彼女の抜けた後の会社の業務部門の雰囲気は一気に険悪になってしまったそうです。それだけ大きな存在だったのです。

子育てがひと段落したことで、50代から司書の仕事をパートタイムで始めたBさんの趣味は「童話」。なんと50代で童話を書き始め、そのための養成講座にも2時間かけて通学。友人と一緒に書いた童話を出版社に持ち込むなどアグレッシブな活動をしていました。

残念ながら採用とはならなかったのですが、彼女は50代を振り返って「あの活動があったからこそ仕事も頑張れた」と言っています。実際、職場では非常に重宝されていたそうです。

このBさんに限らずですが、一度仕事を離れて40代、50代で久々に復職した女性の評価は、実は非常に高いことが多いのです。ある会社の人事担当者によれば、「この世代は若い頃、会社でマナーなど仕事の基本をしっかり叩き込まれているから、少し働いて勘を取り戻すだけですぐに戦力になる」とのこと。50代女性はもっと自信を持っていいと思います。

▼今後を後悔しないような「見直し」と「選択」を

ここで、50代を自由に生きるためにある選択をした女性の話を。その選択とは「離婚」です。

あまり詳しくは聞いていませんが、夫婦関係に大きなストレスを抱えていた彼女は、子供が自立したこともあり50歳で離婚を決意。そして、派遣社員として働き始めました。元々は短大卒業後、某メーカーで普通の事務職として働いていたのですが、当時身につけた能力はすぐによみがえってきたそうです。その能力の高さから、まさに「スーパー派遣社員」として重宝されているそうです。

50代という年代は女性にとっても、「今までの人生を見直すためにちょうどいい時期」であると思います。

今までしてきた選択を後悔する必要はないと思います。大事なのはここで、人生後半生を後悔しないような選択をすることだと思います。

▼ある「大先輩」からのメッセージ

最後に、本書のためにいただいたある先輩女性からのメッセージを紹介したいと思います。

その人とは、日米の二拠点で活躍する経営者である白瀬直子さん。シングルマザーとして三人の子供を育てつつ、アメリカでデニムブランドを立ち上げ、現在は英語教育事業を手がけ、旧態依然とした日本の英語教育に風穴を開けようとしています。まさに私の考える「カッコいい女性」の代表です。

「この世代は男女平等という言葉をずっと言われてきたと思いますが、やはり男は男、女は女だと思います。『男性のように』『男性以上に』仕事をしなくてはならないという観念を捨てることが、50代の女性には大事だと思います。『女性であることを武器にする』ということではないのですが、女性ならではの持ち味をどう発揮するか、ということを考えてほしいのです。

肩の力を抜いて俯瞰的に自分を見つめ直し、社会を観察しているうちに、自分の存在価値や自分の居場所が見えてくると思います。

日本では歳を取った女性には価値がない、という間違った社会的な風潮がまだ残っていますが、歳を取ることは悪いことではなく賢くなれるチャンス。歳を取ることを悲観的に捉えるかワクワクできるかが、仕事にも反映していくと思います」

日米の現状を知っているからこその彼女のメッセージ。あなたはどのように捉えますか。

第4章

転職・再就職……定年後のキャリアで後悔しないために

01 転職するなら「早めに動け」。転職しなくても「早めに動け」

「定年後の準備はいつから始めるべきか」という疑問を持つ人は多いが、その答えは「早ければ早いほどいい」。少なくとも50代になったら一度は真剣に考えてみるべきだ。

◉実は「50代のうちに四人に一人が転職している」という事実

「定年前」の50代の間に、実に4分の1の人が他企業へ転職しているという事実をご存じでしょうか。

役職定年を迎えて別の会社でのチャレンジを決断した人もいれば、定年後再雇用の給与の少なさに愛想をつかして会社を出てしまった人など、その理由もポジティブ、ネガティブさまざまです。

あるいは「早期退職」と称した人員削減により、会社が用意したアウトプレースメント会社に次の仕事を紹介してもらう人もいます。
さらに言えば、60歳を過ぎてから別の会社に移る人は、全体の3割以上にも及びます。
この事実だけを見ても、**「日本は終身雇用が前提の国」という常識はもはや崩壊している**と言わざるを得ません。

一方で、転職は考えているけれど、それは定年後に考えればいいと思っている人も数多くいます。しかし、それは極めて危険です。私が見てきた中で、**転職が最もうまくいかなかったのは、定年退職の日まで何もせず、「しばらく充電してから考えます」という人**なのです。

気持ちはわからないでもありません。40年にわたり働き続け、しばらく休みたい……ということなのでしょう。しかし、再就職に関しては、定年退職した日から間が空けば空くほど、採用率も低くなり、雇用条件も悪くなる、というのは厳然たる事実です。

そして、なかなか再就職先が決まらず、そのままやる気も失ってしまい……というのは極めてよくあるケースなのです。

⦿50代は定年後の「根回し」の時間だ

そう考えたとき、実際に転職する・しないにかかわらず、50代のうちに自分のキャリアを見据えて早めに動いておくことが何より大事だということがわかります。

前述した補助金申請のエキスパートのNさんは、50代になってからは二次販売会社や顧客との関係構築に注力したそうです。

もちろん、それは仕事上のメリットを考えてのことですが、一方で、ここで自分を売り込んでおくことで、独立した際にコンサルティング業務を受注する可能性が高まるという意図もあったそうです。

こうした活動を50代のうちにしておけば、実際に独立するときにはもちろん、会社に残るにしても転職するにしても、必ず役立つことになります。

50代前半の人は「まだ早い」と思うかもしれませんが、早すぎることは決してありません。今から定年後のキャリアを考えて行動を起こしておくことは、50代にとってまさに「これだけはやっておかねばならない」ことなのです。

第2章でお話しした通り、その原点となるのは、「自分はそもそも何者か」を知ることです。例の14の質問で、自分を深掘りしていきましょう。その結果、本当にやりたいことが見つかればハッピーですし、逆に「これだけはやりたくない」ということが見つかれば、それも重要な指針になります。

転職する・しないにかかわらず、その準備をして「転職できる自分」にしておくことは、あらゆるビジネスパーソンに求められることなのです。

転職する・しないにかかわらず、「転職できる自分」を作っておこう。

02 50代以降で「転職」を目指す人が、これだけは知っておいてほしいこと

ずっと一つの会社で働き続け「転職をするのは初めて」という人も多いはず。そこで、必ず知っておくべき「50代の転職の常識」をかいつまんで説明する。

⦿「売り手市場」の人は、自分を安売りしないこと

「定年後再雇用か、転職か。はたまた独立か」は、その人のキャリアプランによってさまざまです。

ただし、その人の属する業界や持っているスキルによってその難易度が違ってくるのは厳然たる事実。そこでこの項では、「定年後を考えるにあたって知っておきたい転職の常識」について触れたいと思います。

まずは転職が比較的容易な「売り手市場」の業界から。

・ＩＴ技術者、ＡＩ技術者
・各種ソフトウェア設計者
・建築系・土木系・測量系の技術者
・工場建設、工場のオペレーションといった専門的な知識を持つ技術者
・医療・介護系
・知財、法務などのプロフェッショナル

こうした人は完全な売り手市場です。

定年退職後に請われてインドの工場立ち上げに携わった人、外国の企業に雇われて海外プロジェクトを何件も手がけた人など、この分野で活躍する人は何人も思い浮かびます。

事務職でも特定の海外のビジネス、商務、税務に精通しているとか、貿易実務、薬事関係、知財といった専門知識のある人は有利です。

また、大手企業で経理、財務、総務の経験がある人が、こういった仕組みがあまり整っていないベンチャー企業に転職する、という事例も増えています。ただし、大手企業

とベンチャーではあまりに社風が違いますから、それを受け入れる柔軟さが必要となります。

もし、転職エージェントに登録するならば、複数のエージェントに、できれば**三社以上のエージェントに登録すること**をお勧めします。それも「求人数の多いエージェント」「エンジニアに強いエージェント」「特定の職種に強いエージェント」など違う属性を持つエージェントが望ましいでしょう。

大事なのは「自分を安売りしないこと」。自分の価値をしっかり伝えて、納得できる条件を引き出しましょう。そのために複数のエージェントに登録しておくことが望ましいのです。

⦿「買い手市場」だったとしても、過剰な心配は不要

一方、「デザイナー」「製造技術」「機械組み立て」などの業務、そして「一般事務職」全般は、正直申し上げて採用数はあまり多くないのが現状です。条件もあまり良いとは言えません。こうした業種・業界の方は、とりあえずは「再雇用」が基本戦略となるでしょう。あるいは独立を目指したり、顧問としてどこかの企業に入る、という選択肢も

あります。

有利な職種とは言えないため、50代での準備がより重要でしょう。一つでも自分のできることを広げたり、専門分野を突き詰めたりしておきたいところです。

ただ、ここまで述べてきたのはあくまで経済的な側面を重視した話です。年収が半減しても趣味に使う時間を増やしたいとか、年収が少なくても好きな仕事をやってみたい、という人も当然いるはずです。ニーズや条件にこだわらず「やりたいことをやる」のも当然アリです。

最後に、全般的に人手が不足している**今の日本で、「職にあぶれる」ということはまず、ありません。**そこは過剰に心配しなくてよいかと思います。

「50代の転職市場」は思った以上に活発。自分を安売りしないようにしよう。

03 再雇用の常識に縛られず、堂々と「ネゴれ」

「会社のルールには従うべき」、それが当たり前だと思ってきた。しかし、本当にそうだろうか。定年後もそんな常識に縛られる意味があるのだろうか。

◉会社と堂々と交渉したある部長

「定年後再雇用で給与が大幅に下がってしまった」……そんな話が数多く出回っているため、定年後再雇用についてはネガティブなイメージが先行してしまっているように思います。

確かに、多くの企業ではそれが現実ではあります。しかし中にはそうした常識に縛られないことで、好条件を勝ち取った人もいます。

私にそのことを気づかせてくれたのは、ある大手企業で部長職を務めていたZさんです。

この会社では役職定年後はグループ会社に出向となり、その後は元の会社に戻って再雇用というルールになっていました。

再雇用後の勤務体系は週5日勤務で業務も以前と変わらず。しかも副業は禁止。それでいて年収は大幅ダウン。

Zさんは自分の仕事に絶対の自信を持っていたこともあり、なんと会社に直訴したのです。それもいきなり取締役に対して、「おかしいのではないか」と噛みついたというのです。

結果、Zさんは「余人をもって代えがたい人」ということになり、年収のアップ（少なくとも100万円以上）を勝ち取ったのです。

定年後再雇用で年収が下がるのは「後進のために当然」という意見がある一方、いわゆる「同一労働・同一賃金」の原則に照らし合わせておかしい、という意見もあります。つまり、会社としても確固たる信念を持ってそうしているわけではないのです。

だからこそ、**「自分は価値ある仕事ができる」という人は、堂々と会社と交渉すればいい**と私は思います。

⦿「転職もできるけど」を切り札にしよう

条件交渉が一番しやすいのは、慢性的に人手不足のＩＴ業界でしょう。システム監査やＰＭ（プロジェクトマネージャー）ができる人材はもちろんですが、ＰＬ（プロジェクトリーダー）やＳＥに関しても、のどから手が出るほど欲しいというのが多くの企業の現状です。コロナ禍によるテレワークの拡大が、この状況に拍車をかけています。

こうした人材は、おそらく転職する場合も引く手あまたでしょう。そこで、それを材料として会社と交渉してみるのです。

会社側は他の社員の手前、あまり公言したがりませんが、**実は交渉によって通常の再雇用以上の好条件を引き出した人はかなりの数に上ります。**

また、何かの販売会社の場合、通常の給与とは別に「歩合給」をつけてもらうというのもよくあるパターンです。これなら頑張った分だけ報酬が上がりますから、モチベーションにもつながるでしょう。

⦿シニア人材の活用はどこも共通の課題

人手不足はＩＴ業界のみならず、運輸や建設など、さまざまな業界で深刻化しています。一方で少子高齢化が進み、不足した人材を新卒で補っていくのも難しくなっています。

そう考えたとき、**シニア人材のさらなる活用はどんな企業にとっても不可避**であり、今後は今のように「定年後再雇用は給与が大幅に下がるのが当たり前」という常識は、徐々に見直されていくと私は思っています。

今はまさにその端境期（はざかいき）。だからこそ、交渉の余地もあるのです。

会社に使われる側から、会社と交渉する側へ。「自分のターンがやってきた」と考えて、遠慮せず会社と交渉してみてください。

「年収大幅減で再雇用」は常識ではない。交渉すべきときには堂々と交渉せよ。

04

50代の転職は「リファラル」で

転職エージェントや転職サイトが数多くひしめく中、実際の転職市場は意外と「アナログ」なものだったりする。そんな中、良い転職先を探すコツとは？

⦿「いざとなったらよろしく」。それだけで効果てきめん

50代の転職というのは、新卒での就活以上に「ひょんなこと」や「運」、そして「それまでの人間関係」に左右されやすいものです。

そこでぜひ、「これだけ」やっておいてもらいたいことがあります。

それは他でもありません。もし、あなたが転職を考えているのなら、その対象となる企業に**「いざとなったらよろしく」と声をかけておく。**それだけです。

特に中小企業のある程度の地位の人が相手だと、その効果はてきめんです。実際に私はこの方法で転職先を見つけた人を何人も知っています。

「まさか、そんなことくらいで」と思う人は、中小企業の苦しい採用事情をご存じないのだと思います。黙っていても優秀な人材が応募してくれる大企業と違い、中小企業では応募してきた人を無条件で採用したり、それでも足りずに、定年を迎えた社員を退職させられないところも多いのです。

そんな**中小企業にとって、人物像もキャリアもわかっている「知り合い」は、のどから手が出るほど欲しい人材**なのです。こうした人材しか採用しない中小企業も少なくありません。

⦿「リファラル採用」をご存じですか？

また、企業によっては「リファラル採用」という制度を持っているところもあります。

リファラル採用というのは「社員の紹介による採用」のことで、以前から外資系企業を中心にずっと用いられてきた手法でしたが、ここにきて一般の日本企業にも広がりつつあります。

採用に至った場合、紹介した社員には数十万円のインセンティブが支払われるケースが多いので、採用する会社、採用された人、紹介した人の「三方よし」の制度と言えるでしょう。

この制度を採用している企業の人に声をかければ、より可能性は高くなるでしょう。これらは言ってみれば、転職の「裏メニュー」。知っている人は知っていますが、知らない人は知らない。しかし、こうしたことを知っていれば転職活動が非常に有利になるのです。

私はリクルート出身のため、自然と人材関係の情報が入ってくるのですが、こうした「口コミ採用」「リファラル採用」の数は、転職エージェントを介した転職以上に一般的になるのではないかというのが、私の印象です。

⦿オーナー社長には「直談判」が効く

そしてもう一つ、秘中の秘ともいうべき「裏ワザ」をお教えしましょう。

これはオーナー系企業限定ではありますが、ずばり**「社長に手紙を書く」**。やはり、実際に何人もの男性や女性が成功している転職の裏ワザです。

職業柄、オーナー社長と会う機会が多いもので、以前「こういう手紙が来たらどうするか?」と片っ端から聞いて回ったことがあります。すると、ほぼ全員が開封して中身を読み、半数は実際に会ってみるとの答え。つまりエントリー突破率50％の裏ワザということなのです。

もちろん、相手企業が求人中でなくても構いません。

手紙の構成は、「手短な挨拶」「相手の会社を知ったきっかけ、興味・関心を持った理由（ここがキモです）」「この手紙の用件」「簡単な自己紹介」「面談依頼」「履歴書、職務経歴書同封の旨」という流れでいいでしょう。

相手の企業をよく知っていること、あるいはどれだけの興味・関心を持っているかがポイントになりますので、興味を持ったきっかけを含め、相手に印象づけられるようにしましょう。

「転職紹介会社に登録しておけばOK」というくらいの意識でいると、いつまでたっても転職先が決まらないということになりがちです。自分から行動を起こすようにしましょう。

常日頃から「声をかけておく」。いざというときにそれが効果を発揮する。

05

「顧問」契約は、自分にも会社にもおいしい選択

「顧問」というとお堅いイメージがあるが、実際にはアドバイザー感覚であることも多い。雇う側にも雇われる側にもメリットがある「顧問」とは？

⦿顧問になるハードルは意外と低い？

皆さんは「顧問」と聞くと、どんな人をイメージしますか？

大企業だと取締役や監査役退任後のポストの呼称であることも多いですが、ここで紹介したいのは、もっと一般的なレベルのものです。

イメージとしてはむしろ、「アドバイザー」に近いかもしれません。

よくあるのが「技術顧問」や「営業顧問」で、そうした専門スキルを求めている中小企業で週3日、あるいは月数回出社して指導的、アドバイス的な役割を担うような仕事です。

顧問の何がいいかと言えば、まず、**自分の今までのスキルを存分に発揮することができる**ということ。しかも週3日などの限定的な勤務であることが多いので、自分の時間も大切にできます。

顧問料自体はそれほど高額ではありません。良くて月20万円、普通は月10万円程度といったところでしょうか。ただ、毎日勤務せずにこれだけの金額を得られるのなら御の字でしょうし、顧問業を複数掛け持ちして、かなりの金額を稼いでいる人もいます。

さらに言えば、そもそもこのくらいの金額でいいからこそ、顧問業のニーズがあるのです。

コンサルタントに頼めば1件数百万円するところを、月10～20万円でアドバイスしてもらえる。会社にとっては非常にお得な制度なのです。

◉50代で何を突き詰めるかが勝負

では、どうしたら顧問になれるのか。ひと言で言えば**「ある分野のエキスパートになる」**ことです。

50代になって**ラインを外れたらぜひ、「なんらかの顧問職に就くくらいの実力を身につけるチャンス」**だと考えてみてください。

例えば営業部門でキャリアを積んできた人なら、あえて志願して現場に出る。そこで人脈を作っておくのです。

某企業で海外営業のエキスパートとして活躍していたDさんは、定年後にある医薬品関係の企業の顧問として、海外の取引先の開拓の手助けをしています。手助けといっても本人も世界中を飛び回っているので実質的には社員のようなものですが、本人は現役時代以上に楽しそうに働いていています。

特にニーズが高いのは技術職でしょう。設計、製造、生産、品質保証、システムといった工学系の技術だけでなく、薬事、貿易実務、法務、プロジェクトマネジメントなどのノウハウを持つ人も、中小企業、ベンチャーにはニーズがあります。

また、現役時代に取引先だった企業に、定年後「顧問」として雇われる人も意外と多くいます。取引先とのパイプを太くしようとの政治的な意図もあるでしょうが、見知った会社であれば働きやすいことは事実でしょう。

⦿ここでも「声がけ」がモノを言う

ちなみに顧問の「お声」がかかるのは普通、直接ですが、最近では人材サービス会社がこうした顧問のあっせんを行ってもいるようです。

ただし、そもそも顧問を探している企業は人材サービス会社に頼る前から、誰かに「こういう人がいたら紹介して」と声がけしているもの。転職のときと同様、親しい人で、人脈の広そうな人に**「定年後は〇〇の分野での顧問を希望している」**と伝えておくといいでしょう。

ここでも最後にモノを言うのは「声がけ」なのです。

自由とお金が手に入る「顧問」という選択肢を意識しておこう。

06 「定年後、大学の先生に」というキャリアも夢じゃない

「人に何かを教えたい」という思いを持つ人は多いはず。実は最近、「先生になれる場」が増えていることをご存じだろうか。

⦿どんな人が「大学の講師」になれるのか？

「定年後に大学の先生に転身」というと、よほどの実績を残した人しか成し得ない道のように思います。

ただ、私の周りには意外なほど多く「大学の先生になった人」がいるのです。それも、中にはごく普通の中小企業の出身者も……。

その理由として、**大学側が「現場を知っている人」を求めている**というニーズがあります。さらにもう一つ言ってしまえば、一時期、大学が雨後のタケノコのように乱立したこともあり、特に歴史の浅い新興の大学は、慢性的に講師不足に悩まされているとい

う事情もあります。

では、どんな人がそうした道を歩むことになったのか、この項ではひたすら実例を挙げていきましょう。

◉中小企業から大学の先生へ、という道もある！

Gさんは元々教師をやった後、ＩＴ企業に転職して人材開発や社員教育を手がけてきた教育のエキスパートでした。50代のときに仕事を通じて知り合った研修講師からの紹介で、ある大学でコンピュータ工学を教えています。

ある中小の弱電メーカー、いわゆる「町工場」で役員を務めていたＩさんは、やはり請われて大学で電子工学を教えています。Ｉさんいわく、「中小企業は自分の専門以外のことも含め、なんでもやらなくてはならない。だから専門以外のいろいろな知識を教えることができる」とのことで、まさにこうした実践知を買われての採用だったのでしょう。

他にも、食品メーカーで化学調味料の研究をしていた人が、食品系の大学の先生になった例もあります。長年、労働基準監督署に勤めていた人が、大学で労働法の講師になった例も知っています。

こうしてみるとやはり、「一芸に秀でる」ということが大学講師になるための条件だということがわかります。

顧問に比べると狭き門ではありますが、**探してみると意外と公募している大学も多い**もの。興味がある人は探してみるといいでしょう。

⊙意外な特技が活かせることも

大学とまではいかなくても、「人に教える」という仕事のニーズは他にもいろいろとあります。

研修講師のニーズは手堅くありますし、「ストアカ」など、教えたい人と学びたい人をマッチングするスキルシェアサービスも増えており、誰でも気軽に「先生」になれる時代になっています。

プレゼンやコーチング、ライティング、プログラミングなどの実務はもちろん、「いい声の出し方」「包丁とぎ」といったユニークなものまで、さまざまな講座が存在しています。

「自分の経験を活かし、人に教える」というのは素晴らしい仕事です。あなたは何を教えられるか、考えてみてはいかがでしょうか。

Point

「教える」という分野のニーズは意外と高い。「自分はどんな分野の講師になれるか」考えてみよう。

07 身の丈に合った「一人起業」という選択肢もある

「起業」というとハードルが高いように思われるが、経験を活かした「一人起業」ならば、意外とローリスクな上に、年収1000万円も夢じゃない。

⦿「法人化」のメリットは多い

「ブックオフ」創業者の坂本孝氏、「ライフネット生命保険」の出口治明氏、あるいは「マクドナルド」のレイ・クロック氏。50代で起業し、それを大きなビジネスに育て上げた人は数多くいます。

ちなみに私はMBA留学から帰国した1993年、最初の仕事がリクルートから依頼された「ブックオフ」のビジネスモデルのマーケティング調査だったこともあって、坂本氏からは、時にはビールを飲みながらいろいろなことを教えていただく貴重な機会を得ました。

こうした先人を目指し、50代からでも恐れず起業を……と言いたいところですが、さすがに上記の人たちのようなビジネスを立ち上げるのはハードルが高いと思います。私がここでお伝えしたいのはむしろ、身の丈に合った「一人起業」とでもいうべきものです。

一人起業の最大のメリットは**やりたい仕事を、やりたいように自由にできること。**しかも頑張っただけの収入が全部、自分のものになります。

フリーランスとほぼ同じですが、「法人化」することで経費として使える幅が広がったり、税金面などでのメリットもあります。

⦿「専門性」にチャンスあり！

一例を挙げれば、メーカーで知財を扱っていたHさんは、元々英語が得意だったこともあり、50代で退社して「技術翻訳」の分野で一人起業をしました。この分野は極めてニーズが高く、起業当初から数々のメーカーからの依頼がひっきりなしに入ったそうです。

ご存じの通り昨今はＡＩによる自動翻訳の精度が急速に高まっており、意味が通じるレベルの翻訳ならＡＩで十分になりつつあります。しかし、Ｈさんのように英語力と専門知識を持つ人は、ＡＩに取って代わられることはないでしょう。

Ｈさんはすでに70代に入っていますが、自動翻訳も並用しつつ、いまだに数多くの仕事を抱えて忙しそうにしています。

◉ニーズによっては「年収1000万円」も可能！

私の周りには「営業代行」として活躍する人も多くいます。例えばある知人は、研修企画会社の営業を請け負い、昔の人脈を活かしてバリバリと働いています。新興企業には「技術力・開発力はあるけれど営業力がない」という会社が多く、「営業代行」のニーズは手堅いものがあります。

他にも、人事系部門の出身者が人事制度や採用、育成を手がけたり、ＩＴ業界出身者がシステム開発プロジェクトの一翼を担うといったケースがあります。個人で転職エージェント的な活動をしている人もいます。

どの人にも共通するのは、前職の専門性を活かした仕事であるということ。さらに言えば、**どれも初期費用がかからないビジネスである**ことです。

また、話を聞くと、独立前から見込み客というか、取引の可能性が高い顧客候補とのパイプを持っていたことが、独立の後押しになったそうです。ここでもまた、早め早めの準備が重要だということでしょう。

こうした人たちの年収はピンキリで、中には数千万円を稼ぐ人もいます。それは例外としても、５００～６００万円くらいの収入を得る人が多いようで、少なくとも**定年後再雇用の平均的年収である３００万円台以上は稼いでいるケースがほとんど**です。ニーズによっては１０００万円以上を稼げることもあり、こうしたところも一人起業の魅力と言えるでしょう。

Point

50代でスキルを磨いておき、「一人起業」の準備をしておこう。

08 「集大成としての転職」を考えてみるのもいい

ずっと「やってみたい」と思い続けてきたことがあったとして、それが今の会社の中では実現できないとしたら……。思い切って「集大成としての転職」という道もある。

⊙会社を飛び出して「自己実現」を目指した人たち

第2章で、「50代では自分の仕事の集大成を」という話をしました。後進に役立つようなマニュアルを作る、自分にしかできない仕事を成し遂げるなど、こうした「集大成」としての活動が、50代にとっての仕事のモチベーションとなり、会社への貢献ともなるからです。

しかし、世の中には**「集大成のためにあえて転職や起業をする」**という選択肢を選ぶ人もいます。

有名なのは「ライフネット生命保険」の創業者である出口治明氏でしょう。大手保険会社でロンドン現地法人社長や国際業務部長にまで上り詰めた出口氏ですが、自らが目指す「理想の保険の形」を実現すべく、岩瀬大輔氏とともに58歳で起業しました。当初は無謀ともいわれましたが、いまや、ライフネット生命保険の名前を知らない人はいないでしょう。

⦿キャリアの総仕上げとしてあえて官公庁へ

キャリアの総仕上げとして、50代であえて民間から官公庁に転職するという道を選んだのがKさんです。

Kさんは建設会社で原子力施設のエンジニアリング部門に勤めていたのですが、仕事をする中でずっと、原子力施設の耐震安全基準の不十分さに危機感を抱いていました。そこで50代を迎えてから、今度は審査する側として原子力の安全に貢献しようと考えたのです。

転職してからは、厳しい審査を行うことで自分の思いを伝え、少しずつ充実感を感じるようになっていきましたが、やはり転職のきっかけとなったKさんの懸念は的中し、福島第一原子力発電所の事故が発生してしまいました。その後は二度とこのようなことが起きないよう、後進の育成に力を注いだそうです。

Kさん自身は原発事故を防げなかったことに対し「悔いと虚しさが残る」ということですが、私には仕事人生の総仕上げを見事に成し遂げた、とても意義のある活動に思えます。

⊙300人を束ねるマネージャーから、「保育士」への華麗なる転身?

前職とはまったく関係のない、ユニークな転職の道を選んだのが、大手システム会社で部長職を務めたUさんです。

日本各地で「保育士不足」が問題になっていますが、Uさんもこの問題に深い懸念を持っていました。そこでUさんは自らその解消に一役買おうと、定年退職後になんと、65歳で「保育士」になったのです。

かつては300人の部下を持っていたUさんですが、今では30歳も年下の女性の下で働いているそうです。しかし本人は気にする風でもなく、楽しそうに仕事をしています。

ちなみにこうした活動を支援する「ライフシフト・ジャパン」という組織があります。ここのホームページには「ＳＥから50代でブルワリーを開業」「50代で編集者から研究者へ」などの「変身」を成し遂げた人の例がいろいろと載せられていますので、興味のある方はのぞいてみてください。

20歳から50歳までが30年なら、50歳から80歳も30年あります。**第二のキャリアとしてまったく違う仕事をやってみるというのも面白い**のではないでしょうか。それだけの時間はまだまだ残されています。

もし、今の会社ではできないことがあるなら、「人生の集大成としての転職」も十分アリだ。

09 「時給1200円でもいいじゃないか」と割り切る

ビジネスパーソンを縛りつける「プライド」という鎖。それを振り払った先にこそ、楽しい人生があるのかもしれない。

⦿あえて時給の安い仕事を選んだ人たち

60代以降にそれほどお金の不安がない、という人は、いっそ「**プライドを捨ててしまう**」のも手です。実際、そう割り切ることで楽しい人生を送っている人は意外と多いからです。

Ｊさんは一流大学の看板学部を卒業し、某生保の部長を役職定年になった後、定年後再雇用を経て65歳で退職。そしてその後は丸の内の高層ビルでガードマンの仕事に就きました。時給は１２００円です。

これだけのキャリアですから、探せば他にも仕事はあったかもしれません。ですがJさんは「趣味を楽しみたいので、シフト勤務の仕事のほうがいい」という理由で、ガードマンの仕事を選んだのだといいます。

◉「生活のリズムのために仕事を」も全然アリ

第2章で紹介した、大手損保を定年退職後、時給1400円のデータ入力の仕事に就いたCさんも同様です。

実はCさんは最初、元の会社のグループ企業でこの仕事をやっていたのですが、「しがらみがあって面倒」と、今度はまったく元の会社とは関係のない会社で同じデータ入力の仕事に就いているそうです。

直接の知り合いではないのですが、以前、ある新聞販売店の社長から「定年後に新聞配達をしている大手企業出身者がいる」という話を聞いたことがあります。理由は一応、生活費の必要からとのことですが、他にも仕事がある中であえて新聞配達を選んだのは、**「健康的で規則正しい生活を送りたいから」**なのだそうです。

実際、日々の張り合いのため、健康のため、あるいは生活のリズムを保つために仕事を続けているという人は、意外と多いのです。

⦿定年後も「プライド」に縛られるのはバカらしい

すでに定年を迎えた諸先輩方の話を聞いていると、このように**「プライドにこだわる」ことを自らの意志で卒業した人たちが意外と多い**ことに気づかされます。

しかも皆さん、現役時代以上に生き生きとしています。現役時代のプライドが、いかに人を縛りつけているかを再認識させられます。

世間体や周りからどう思われるかということを一切気にせず、自分の思うままに仕事を選び、楽しく、自由に毎日が過ごせるなら、これこそ最高にハッピーなセカンドキャリアに違いありません。

この章ではいろいろな定年後の進路について取り上げてきましたが、結局、重要なのは**「定年後の人生はこうあるべき」だという常識に縛られることなく、「人生は人それぞれ」だと考える**ことではないでしょうか。

特に、以下のような「会社員時代の常識」に縛られないようにしたいところです。

- **年収が高い仕事のほうが偉い**
- **人を使う立場のほうが偉い**
- **大きな組織のほうが偉い**
- **過去の実績がある人のほうが偉い**

ここでもまた、「勝ち負けの二元論的な考え方」から脱却し、「自分勝手になる」ことが重要なのです。

定年後の仕事に貴賤などない。「自分が一番楽しく働けるスタイル」を目指そう。

Column

「昭和のスキル」が現代によみがえる？

▼「電話営業のスキル」が今、求められている？

今の50代の方はちょうどバブル期からバブル崩壊直後くらいにビジネスパーソン人生を始めた方が多いと思います。元号は平成になっていましたが、当時はまだまだ「昭和のビジネス」が色濃く残っていた時代だったはずです。突然の電話や飛び込み営業は当たり前、夜討ち朝駆けも当たり前。まさに「考える前に動け」といった時代でした。

こうした仕事のスキルは、「時代遅れ」として否定されてきました。しかし、その中には現代に通用するスキルとして見直されてきているものもあります。

定年後独立し、営業教育のプロとして顧問業を行っている私の知人が得意とするのは「電話営業」です。いかにも昭和の熱血営業マンのスキルという感じですが、昨今はマーケティングオートメーションで育成した顧客に最後の一押しをするときなどに「電話営業」の重要性が見直されているのです。

しかし、昨今の若手は電話営業などやったことがありません。そこで、彼のノウハウが生きるのです。

あるいは、「接待」のノウハウ。以前、ある雑誌から接待特集をやりたいから取材をさせてくれという話があった際に聞いた話ですが、最近は若手ビジネスパーソンに接待のマナーや知恵が継承されておらず、ニーズが高いためにこのようなテーマを組んだそうです。

お店選びから事前準備、ビールの注ぎ方、小皿の持ち方、取り分けの作法といったところまで、接待は細かいノウハウの連続です。もし、あなたがそうした経験が豊富なら、それをマニュアル化するのも一つの手かもしれません。

▼一見時代遅れでも、その「本質」は通用するはず

若い頃に注力していた仕事が、今では「時代遅れ」とされてしまい、そのことにモヤモヤした感情を持っている人も多いのではないでしょうか。そのままでは使えなくても、その本質には今でも通用するものがあるはずです。

例えば、セキュリティが厳しくなった昨今、「飛び込み営業」はなかなかしづらいの

は事実です。しかし、飛び込み営業で効果を発揮する「その会社の上役の人の名前を出す」「自分が売り込もうとしている商品の価値をひと言で端的に伝える」などの技術は、今でも十分通用するはずです。

「もう時代遅れ」とされているような自分のスキルを、なんらかの形で現在に活かせないか、ぜひ考えてみてはいかがでしょうか。自分がやってきたことを全否定するのは辛いことですし……。

第5章

すべての「人間関係」を50代で再構築せよ

01 60歳までに「五つ以上の居場所」を持っておく

失って初めて「会社という居場所」がいかに大事であったかに気づく人は多いもの。50代のうちに「コミュニティ」を増やしておきたい。

⦿多くの男性が陥る「居場所がない症候群」

「定年後になって初めて、『居場所がある』ことの重要性に気づいた」

会社員として勤め上げて定年を迎えた人から、このような話をよく聞きます。

「予定があることがいかに幸せか」

このような声もよく聞きます。「予定がないことは拷問のように辛い」と言う人すらいます。

離れてみて初めて、会社というコミュニティに所属していることの重要性に気づいたということでしょう。

ちなみにこうした悩みは、女性からはほとんど聞いたことがありません。おそらく女性は職場以外にも友人や地域、趣味のコミュニティに属していることが多いため、仕事を離れても「居場所がなくなる」ということがあまりないからだと思います。

本書では何度か「出世街道をひた走ってきた人より、そこから早期に脱落した人のほうが、幸せな定年後を過ごしていることが多い」という話をしました。おそらくその原因の一つはコミュニティだと思われます。

というのも、会社から期待されずに時間ができた50代は、定年前から外部にコミュニティを求めるケースが多いからです。そして、妙なプライドを持った「出世組」に比べ、そうしたしがらみから解放されている「非出世組」のほうが、人間的に愛されてコミュニティに溶け込みやすいという側面もあるでしょう。

そう考えると、**定年後に急に「コミュニティ探し」をするより、50代のうちに別のコミュニティに属しておく**必要があると言えるでしょう。

⦿「複数」のコミュニティでキャラを使い分けよう

さらに言えば、そのコミュニティも一つだけではなく、できれば五つくらいのコミュニティの一員であるのが理想です。

しかも、**それぞれのコミュニティで「違ったキャラクター」を演じることが重要**です。会社というコミュニティでは「厳格な上司」であったとしても、趣味のテニスのコミュニティでは「素直に教えを請う初心者」、地域のコミュニティでは「気軽に冗談を言う明るい人」などです。

心理学者の植木理恵さんによれば、こうして複数の「ペルソナ」（仮面）を使い分けることは、心の健康のためにも必要なことだということです。

さて、あなたは今、どんなコミュニティに属しているでしょうか。数えてみてください。ちなみに、「会社」以外のコミュニティとしては、以下のようなものが考えられます。

・地域のコミュニティ（町内会、同じマンション内でのつながりなど）
・ボランティア関連
・スポーツ関連（ゴルフスクール、テニススクールなど）
・スポーツクラブ
・趣味の仲間（ダンス、釣り、音楽、芸術系など）
・習い事
・学生時代からの友人
・前職の同僚や友人

50代最後の年を迎えている私が所属しているコミュニティを思いつくままに挙げると、

・仕事のコミュニティ
・ゴルフのコミュニティ
・元リクルートのコミュニティ
・ビジネス書作家、編集者のコミュニティ

- **「朝礼だけの学校」のコミュニティ（オンラインサロン）**
- **実家、地元のコミュニティ**
- **地域のコミュニティ**

といったところでしょうか。

もし、あなたが属しているコミュニティが五つ未満、特に「会社しかない」ようでしたら、今すぐ行動を開始すべきです。

◉コミュニティは「感覚」で選べばいい

ここで、「50代からのコミュニティ作り」において、重要なことを一つ。それは、**「入るのも気軽に、出るのも気軽に」**ということです。

人間関係ですから、合う・合わないは必ずあります。自分に合わない、あるいは何か違和感があると思ったら、フェイドアウトしてしまって結構です。違和感を抱くようなコミュニティは、結局長続きしません。嫌な人間関係を引きずるのは会社だけで十分ですし、その会社ですら50代になったら人間関係を我慢する必要もないのです。

また、コミュニティには毎月のように会合を開くような強い結びつきを持つものも、年に一度会うかどうかのゆるいものも、どちらもあっていいと思います。

コミュニティなど探せばいくらでもあります。ここでもある程度「自分勝手」になって、本当に居心地のいい場所を探すべきでしょう。

60歳までに、五つ以上のコミュニティの住人になっておこう。

02 コミュニティでは「カイシャ的リーダーシップ」を手放す

コミュニティに溶け込める人と溶け込めない人。その大きな違いは「カイシャを引きずるか否か」。リーダーシップがある人ほど苦労する可能性も。

◉「いつのまにかできていた」コミュニティもある

ここまで「コミュニティ」について、すでにあるコミュニティにこちらから参加するという想定で話をしてきました。

しかし、実際には自分でコミュニティを作ってしまってもいいわけですし、実際、そうしている人も大勢います。さらに言えば、いつのまにかコミュニティが自然発生してしまう場合も少なくありません。

メーカーに勤務していたDさんはあるテニスのコミュニティに入っているのですが、

そのテニスのコミュニティができたきっかけは非常にユニークなものでした。

Dさんが住んでいる市では、テニスコートの人気が高く、ほぼネット抽選になるそうです。そのため、抽選で当たった人同士がネットで「一緒にやりませんか」と相手を探し合うようになり、そこから自然発生的にテニスコミュニティが成立していったそうです。

こういうコミュニティのあり方もあるのかと思った次第です。

◉人間関係がうまくいくのは内向的な人が多い？

さて、このDさんはテニスだけでなく囲碁のコミュニティにも入っており、それだけ聞くととても社交的な人物だと思われがちです。ただ、実際に会ってみるとごく普通というか、むしろ内向的な性格で、率先して何かを始めるようなタイプの人では決してないのです。

私はそんなDさんのあり方に、「定年後のコミュニティ活動をうまくやっていくコツ」があるように思います。

私たちはついついコミュニティというと、人を引きつけるエネルギーを持ったリーダーがいて、そのコミュニティを運営しているように思いがちです。いわゆる「オンラインサロン」のようなあり方をイメージするのですね。

ただ、「同じ興味や趣味でつながる集団」というのは、実はそういう類のものではありません。「高い実績を上げよう」とか、「テニスで全国大会に出よう」とかいう明確な目標を持つようなコミュニティは少なく（ないわけではありませんが）、**「楽しくやればいい」という人がほとんど。むしろ、「仕切りたがり屋」がいることを好ましく思わない人も多い**のです。

⦿「ゆるいコミュニティ感覚」に慣れておこう

「会社人生の常識から抜け出せない人」がやりがちなのは、ここで無用なリーダーシップを発揮したり、「そのコミュニティで一番になりたい」とマウンティングを始める、といったことです。

何度も言っているように、出世街道をひた走ってきた人ほどこうしたワナに陥りがちです。そして、いつのまにか周囲から疎（うと）まれて、コミュニティから追い出されてしまうのです。

こうした**「ゆるいコミュニティの感覚」をぜひ、50代のうちから培っておいてほしい**と思います。

そして自分は「出世街道をひた走っている」という自覚がある人もぜひ、それとは別のペルソナを持つために、50代でなんらかの「趣味や興味でつながっているコミュニティ」に入ってみてもらいたいと思います。

「勝ち負け」にひたすらこだわるのが会社人生です。だからこそ、**「勝ち負け」にまったくこだわらないもう一つの世界を持っておく**こと。それが、厳しい競争社会を生き抜くための支えとなってくれるかもしれません。

リーダーシップ論もマウンティングも忘れることが、コミュニティに溶け込む第一歩。

03

あえて「アウェイ」の中に飛び込む

「居心地のいい居場所」はもちろん大事だが、あえて「異質の中に飛び込む」ことで、今まで見えなかった世界が見えてくるかもしれない。

⊙居心地のいい場所につかっていると「鮮度が落ちる」

生け簀でイワシを輸送する際、天敵のカマスを一緒に入れると、その刺激によってイワシの鮮度が維持できるのだそうです。カマスではなくナマズだという説もありますが、ともかく「異質なもの」が入ることによって、緊張感が高まるということなのでしょう。

これは企業組織についてもいえることで、**同質的なチームの中に異質な人材を一人入れることで、そのチームに緊張感が生まれます。**これはチームビルディングでよく使われる手法です。

一方、いつも同じメンツとつるんでいたり、同質的なチームの中にいると、居心地はよくても刺激がなくなり、緊張感がなくなってしまいます。すると、人間としての鮮度が落ちてしまうわけです。

◉アメリカで味わった強烈な「アウェイ感」

50代のコミュニティについては、なるべく居心地がいいところに入るべきという話をしました。しかし、**五つのうち一つくらいは「完全アウェイ」な場所に入ってみる**ことをお勧めしたいと思います。それによって、自分の鮮度を高めることができるからです。

私もこの「完全アウェイ」を強烈に味わった経験があります。30代で自費でアメリカにＭＢＡ留学をしたときのことです。

当時、日本はバブルの絶頂期。「ジャパン・アズ・ナンバーワン」の時代でした。しかし一方で、「過労死」などという言葉が世界に知られ、「エコノミック・アニマル」などと揶揄(やゆ)されるようにもなっていました。

そんな留学時代、あるドイツ人留学生から、「日本人はなぜそんなに長い時間働くくんだ。なんのために生きているんだ」と問われたのです。

私は胸を張って、「それが今の日本の繁栄につながっているんだ」と答えたのですが、相手はどうも納得していないようでした。それどころか、日本人以外のほぼすべての人が、「理解できない」という顔をしていたのです。

自身もまさに「24時間戦えますか」の世界で生きてきた人間だったこともあり、このときのアウェイ感は強烈でした。

そして、この体験が「もしかしたら日本人の働き方のほうが間違っているのかもしれない」という疑問を持つキッカケとなったのです。

結果はご存じの通りです。日本はバブル崩壊とともに凋落していき、長時間労働は不要どころか、「生産性を下げる根源」と否定されています。一方、ドイツ企業は日本よりよほど高い生産性を維持しています。

日本にいたままでは、おそらくこの気づきは得られなかったと思います。今思うと、学校で学ぶ内容よりも、こういう体験ができることこそがＭＢＡ留学の意味なのかもしれないとさえ思います。

⦿実は「アウェイではなかった」ということも

どんなコミュニティがその人にとって「アウェイ」なのかは、当然、人それぞれです。

私の知っている例としては、仕事一辺倒で生きてきた男性が、50代になってピアノの教室に通い出したり、しばらく仕事の現場から離れていた女性が一念発起して「意識高い系の勉強会」に参加してみたりといったものがあります。ボランティア活動やPTA活動に参加してみるのもいいでしょう。

ただ、私たちの先入観は往々にして当てにならないものです。「アウェイだと思って入ったら、ものすごく自分に合っていた」ということもしばしばあることを、最後につけ加えておきたいと思います。

今までだったら絶対に入らなかったようなコミュニティにあえて入ってみよう。

04 「孤独の楽しみ方」を研究しておく

50歳を超えて、「孤独」という単語にピンとくるようになった人は多いはず。いずれ訪れるであろう孤独とどのように向き合えばいいのか、50代のうちにやっておくべきことは？

◉「孤独ブーム」の理由とは？

最近「孤独」をテーマにした書籍や雑誌がちょっとしたブームになっているようです。「おひとりさま」「一人で」といった言葉のついた書籍が数多く発刊されるだけでなく、『プレジデント』のようなビジネス誌ですら「孤独」についての特集を組むようになっています。

理由は言うまでもないでしょう。未婚率や離婚率の高い今、老後を一人で迎える人も増えています。子供がいる人も結局は親のところから巣立っていくわけで、最後は夫婦二人、そして一人になります。

瀬戸内寂聴さんが言うように、「人は生まれたときから独りであり、死ぬときも独り」なのです。

⦿今は「人間関係がわずらわしい」と思っていても……

人間関係のわずらわしさが苦手で、「定年後は一人でゆっくりしたい」という人もいるでしょう。家族のことで時間を取られ「定年後くらい自分の時間が欲しい」と願っている人も多いでしょう。

しかし、定年後は意外なほど長いものです。しかも、**今はわずらわしいと思っている社内の人間関係も、失ってみれば「あのときはにぎやかでよかった」などと思ったりする**ものです。

定年退職してしまえば、そこには職場も同僚もありません。いきなり組織人から「個」に戻ってしまうのです。

もちろん、なんらかのコミュニティに参加することで「孤独でない定年後」を作ることも重要ですが、いくら多くのコミュニティに入っていても、「一人のスキマ時間」は生まれます。

だからこそ私は、50代からぜひ「孤独を楽しむ習慣」を身につけておいてほしいと思うのです。

◉「一人時間を楽しむ」ためにしておきたいこと

そのための一番わかりやすい方法は、「一人の趣味を増やす」ということでしょう。それもなるべく没頭しがいのある趣味です。

中南米文学を愛するYさんは、50代からスペイン語の勉強を本格的に始め、ガルシア＝マルケスの分厚い原書を少しずつ読んでいくのを趣味としています。「死ぬまでに1冊読み終えられるかどうか」と笑いますが、このくらいハードルが高いほうが、没入感を得られるかもしれません。

「孤独な自分に慣れておく」こともお勧めです。

公認会計士のFさんは50代のとき、一念発起して禅寺で2カ月の修行を行ったそうです。周りには他の僧侶もいますが、禅寺での修行は基本的に、自分と一対一で向き合うものです。これによってFさんは心身をリフレッシュさせるとともに、「一人でいる時間の価値」を再認識したとのことでした。

さすがに会社員が数カ月単位の休みを取るのは難しいかもしれませんが、数日単位で体験を受けつけているところもあるので、興味のある方は探してみてもいいでしょう。

最後に、ある大学教授に教わった、孤独を楽しむとっておきの「裏ワザ」を。それは「妄想」。子供のときのように自由に想像の羽を伸ばし、妄想にふける。一人で何時間でも楽しめるとのことです。

確かに我々も子供のときは妄想の世界に何時間でも遊んでいられたはず。その頃のことを思い出し、時に想像の羽を広げるのも悪くないかもしれません。

50代からは「孤独を楽しむ」習慣を持とう！

05 結局、「面白いこと」をやっている人の周りに人が集まる

自分が「やりたいこと」をやっていると、他の人が「面白がって」寄ってくる。実はこれこそが、最強のコミュニティではないだろうか。

⊙なぜか周りに人が集まる人の特徴とは?

お金があるわけでもなければ、地位が高いわけでもない。にもかかわらず、「なぜか常に周りに人が集まっている人」がいます。そういう人を観察していると、ある共通点が見えてきます。**「自分が面白いと思うことを、面白がってやっている人」**です。

そんな人の周りには自然と人が集まってきて、いつのまにかコミュニティが形成されている。そんなイメージです。

この傾向はあらゆるところで広がっている気がします。例えば、昨今では一般的にな

りつつある「クラウドファンディング」に投資する人は、「社会的に意義があることに参加したい」という欲求とともに、「面白いことをやっている人とつながりたい」という欲求があるように思います。

「面白いことに参加したい」という思いは、人間にとって根源的な欲求なのではないでしょうか。

◉「暗闇婚活」に集まった人たち

人と人とのつながりには、いろいろな理由があります。現役世代の人にとって一番わかりやすいのは、「仕事相手だから＝仕事の役に立ってくれそうだから」「新しい情報を常に教えてくれそうだから」などといったところでしょうか。

でも結局、**一番強固な関係は「面白いことでつながった人々」**ではないかと、この年になってつくづく思います。

その原体験となった出来事があります。それが「暗闇婚活」です。

ある独身の女性経営者から「誰かいい人いませんか？」と相談されたのをきっかけに、私のメンターである藤原和博氏に相談したところ、なぜか「50対50で暗闇婚活パーティをやろう」という話になってしまったのです。

暗闇婚活とは文字通り、まったくの暗闇の中で婚活パーティをするというもの。当時、青山に「ダイアログ・イン・ザ・ダーク」という、完全に光を閉ざした〝純度100%の暗闇〟を体験できる施設があり、そこを会場にしました。

婚活パーティなのに相手の顔も見えないという、なんとも不思議なプロジェクトでした。しかも、このプロジェクトのために約3カ月の時間を費やし、私はその間、本業にまったく手がつけられませんでした。

それでも「やってよかった」と思うのは、この企画を面白がってくれた人とのコミュニティが生まれたからです。それも、普段の仕事では知り合えなかったであろう人たち、ミュージシャン、占い師、医師、外交官や某著名企業の経営者といった人たちとのつながりができたのです。

しかも、この人たちは**「同じようなことを面白がる人たち」**ですから、いわば感性が近いのです。だから、何をやっても盛り上がる、極めて貴重な人脈、いや「仲間」となってくれたのです。

◉「ちょっとバカげているけど面白いこと」を発信せよ

ビジネスパーソンは長年の会社人生の中で「自分が面白いと思うこと」を押し殺して生きてきたと思います。しかし、50代になったらあえて、**「ちょっとバカげているかもしれないけれど面白そうなこと」を思い切り発信**してみてはいかがでしょうか。

しかも、「暗闇婚活」のように、そこにちょっとした「狂気」が入っていると、より多くの人が面白がってくれるような気がします。そして、そこに集まってくれる人がいたら、それは生涯の仲間となってくれるかもしれません。

結局、人はいくつになっても「面白いこと」が好きなのです。面白そうな人とつながるのでも、自ら面白そうなことを発信するのでも、どちらでもいいと思います。50歳を過ぎたらぜひ、自分の中の「面白い」を思い起こしてみてください。

Point

50代になったら「本気で面白いと思うこと」をどんどん発信していこう。

06

「年下」との人間関係を築いておく

「上司・年上が偉い」という長年叩き込まれてきた序列は、50代になったらあまり意味を持たない。むしろ若手とつながる機会を積極的に求めよう。

◉コロナ禍で発揮された「若手とつながっている意味」

本書の姉妹書に当たる『できる40代は、「これ」しかやらない』という本に、私は「40代は年上より年下との人間関係を大事にしろ」と書きました。

40代にとって年上の人は早晩去っていく人たちだが、年下の人は自分が定年するまでずっとつき合っていく人たち。残りのビジネスパーソン人生にとってどちらを大事にすべきかは一目瞭然だ、という話でした。

50代についてもそれとまったく同じことが言えるのですが、それに加えてもう一つ、年下とつき合うべき重要な理由があります。それは、**「年下から新しいことを教えても**

らえる」ということです。

その重要性をつくづく痛感したのが、今回のコロナ禍でした。

今でこそ「Zoom」「Teams」「Google Meet」などのリモートツールを使いこなし、オンライン研修もお手のものの私ですが、コロナ禍の直前は恥ずかしながら「Zoom」の名前しか知らず、もちろん、使ったこともありませんでした。

そんな中、最初の緊急事態宣言が出た直後に、私より二周りも年下の仕事仲間が、「Zoom」によるオンライン会議の勉強会を開いてくれたのです。

おかげで私は流れに乗り遅れることなく、翌月からはすべての研修をオンライン化することができたのです。

さらに言えば、近年、営業の世界ではＭＡ（マーケティングオートメーション）など次々とデジタルトランスフォーメーションが起きているのですが、それについても若い人たちに密かに教えを請い、ついていくことができています。

もちろん、ネットで調べればその言葉の意味くらいはわかりますが、実際に活用事例を見せてもらい、疑問点をその場で解消してもらえるのとでは、理解度に格段の差が出ます。UX（ユーザーエクスペリエンス）がいかに大事か、MAツールはどれがいいかなど、さまざまなことを学ばせてもらいました。

⊙デジタル化の流れは決して止まらない

ちなみに、研修をオンラインに切り替えた後、受講者のアンケートの評価はむしろリアルのときより高くなりました。「自分は今まで何をやっていたんだろう」と一瞬落ち込んだほどでしたが、まさに時代の変化を肌で感じることができました。

この期に及んでも「直接訪問しないとダメだ！」と主張する50代の営業管理職がいますが、そういう人に限ってオンライン商談をやったこともない、ということは多いものです。実はやってみると非常に便利ですし、リアルよりも優れている点が多々あると感じます。もちろん、リアル営業の重要性はゼロにはなりませんが、ある部分は確実にオンライン化されていくでしょう。

時代に合わせ自身の知識やスキルをアップデートするためにも、年下からデジタルスキルを学べるようなフラットな人間関係を築いておきたいものです。

ここでも効果を発揮するのは「コミュニティ」です。特に趣味のコミュニティには幅広い年齢層の人が集うので、若い人との関係を作る絶好の機会となります。

また、こうしたコミュニティや講座では、年下の人が講師になる機会も多いのですが、ここで**「年下から学ぶ」ことに慣れておくことも重要**です。定年後にベンチャー企業に再就職したら、上司は確実に年下です。今からそういった状況に慣れておくことは、定年後の事前準備にもなるのです。

「上司や先輩は、後輩や部下よりモノを知っていなくてはならない」という妙なプライドがあると、年下からモノを学ぶことができなくなります。そうした余計なプライドを手放すことが大事ですし、そのほうが年下からも「柔軟性のある人」だと評価されるのです。

Point

常に鮮度のいい情報を手に入れるためにも、若手と積極的につながっていこう。

07 税理士、弁護士との関係を作っておく

50代以降の人生は、予期せぬトラブルや心をザワザワさせるような出来事が案外多いもの。心の平穏を保つため、専門家との関係を作っておきたい。

⦿「相続」は誰にとっても避けることができない

これは少々ピンポイントのアドバイスになりますが、50代のうちにぜひ関係を作っておきたい人として、「税理士」と「弁護士」がいます。

あなたに「かかりつけ」の医者がいるように、いざというときのために税理士と弁護士に頼ることができるようにしておきたい、ということです。

なぜなら、これまでの人生と違って**50代以降は、「いざというとき」が起こりやすくなる**からです。

例えば、親の死に伴う相続。２０１５年1月1日以降、法改正によって相続税の対象になる人が大幅に拡大されました。基礎控除が縮小されたため、大都市圏に持ち家を持つ普通の人たちも課税対象になる可能性が出てきたのです。

申告自体は自分でもできますが、相続に慣れた税理士に手伝ってもらったほうが、手数料を払っても相続自体にかかるお金が安くなる可能性が高いはずです。

ちなみに、これは相続税の話ではありませんが、公認会計士資格を持つ友人は、その年の所得税３００万円を確定申告で０円にしたといいます。もちろん、脱税でも脱法行為でもありません。投資用不動産にかかった経費との損益通算をした結果です。

税金を低く抑える方法はいろいろあるのです。いざというときにそういった相談ができる相手がいるかどうかが重要なのです。

⦿弁護士に「相談する」という経験をしておこう

弁護士もしかりです。弁護士のお世話になるようなことは「ないほうがいい」に決まっていますが、長く生きていれば人生、いろいろなことが起こります。

離婚、近隣トラブル、職場での労働問題等々……。専門知識や経験がなければ、どうしていいかわからないまま、結果的に泣き寝入りになってしまいます。そして日本ではこういったケースがあまりに多いのです。

そんなときに、専門的なアドバイスをもらえるだけで、心の平穏が取り戻せるものです。

「いやいや敷居が高くて……」と思うかもしれませんが、それは企業や団体などの「顧問弁護士」を思い浮かべるからであって、顧問契約がなくてもほとんどの弁護士事務所には「法律相談」があります。

相談料は1時間1万円が最も多いパターンですが、弁護士会や行政、各種団体が「無料法律相談」を実施していますので、そうした機会を利用する手もあります。

一度試しにそういった機会を利用してみると、**「弁護士に相談するとはどういうことか」がわかり、それだけでも安心材料になる**と思います。

⦿では、どこで見つければいいのか？

では、そうした税理士や弁護士との関係をどう作ればいいかですが、基本的には歯医者さん探しと同じです。そう口コミ。

税理士に関しては、あなたの周りの相続税支払い経験者、経営者、自営業者からの紹介があれば、それが一番信用できます。

弁護士についても同様です。まずはあなたの友人でも知人でも誰でも構わないので、聞いてみるといいでしょう。

もちろん、そうした人が周囲にまったくいないという人もいるでしょう。ただ、だからといって手をこまぬいているより、とりあえずこうした人たちと会ってみてはいかがでしょうか。その中から「良し悪しを見抜く目」を鍛えることもできるはずです。

これも50代のうちに、つまり会社にいるうちだと、こうした人たちと会える機会はいろいろと作ることができるでしょう。会社員の特権を発揮してしまいましょう。

かかりつけ医を持つような感覚で、税理士、弁護士を利用できるようにしよう。

08 家族の前で積極的に「仕事の話」をする

50代にもなれば、良くも悪くも家族との関係は固定化しつつある。だが、定年後のことを考えると、ここでもっと良い関係になっておきたいところだ。

⦿四人に一人が「家庭内コミュニケーション」に悩んでいる

先日ある雑誌の特集で、40代、50代の男性会社員500名のアンケート結果についてのコメントを求められました。

この調査によると、「家庭で辛いことはなんですか？」という問いに、24・8％の人が「妻や子供から軽く扱われる」と回答し、24・0％の人が「妻や子供とコミュニケーションが取れない」とのことでした。

複数回答可ではありますが、実に四人に一人がこうした状況にあるということになります。これは非常に根深い問題だと感じました。

50代で仕事の第一線から退くことになれば、当然、家にいる時間が長くなります。そのとき、家が居心地の悪い場所であると、ストレスはマックスになります。

今回のコロナ禍で在宅勤務が増えたことでも、このような声が聞かれました。「コロナ離婚」という言葉が生まれたほどです。しかし、定年後はそれとは比べ物にならない時間を自宅で過ごすことになるのです。

50代での人間関係の見直しは、家族との間でも重要なのです。ここではそのヒントとなる事例をお伝えしようと思います。

◉家族も「きっかけ」を求めている？

メーカーに勤務していたエンジニアのWさん。娘さんとのコミュニケーションがほとんどないどころか、無視に近い状態だったそうです。

そんなある日、自宅で携帯に取引先から緊急の連絡が入りました。外国企業からの連絡で、その応対も英語でした。

偶然、そのやり取りを聞いていた娘さん。翌日になって「ここの訳し方教えてくれる？」と英語のプリントを持って、声をかけてきたのです。

以後は少しずつ会話もするようになり、少なくとも以前の「無視」という状況ではなくなったそうです。

この話を聞く限り、娘さんも積極的に父親を無視していたわけではなく、ただ話題や頼りにするようなことがなかったから無視していたのではないでしょうか。話すきっかけができたことで、少しずつでもコミュニケーションが回復したということでしょう。

そう考えると、ひょっとすると家族に対して壁を作っているのは他ならぬ自分であり、家族のほうもまた「きっかけ」を求めているのかもしれません。

⦿「失敗談を語る」は家族に対しても有効

自営業者は別ですが、多くの会社員は基本的に、家族に働く姿を見せません。しかし私はそのことが、家族との壁を作ってしまっているように思うのです。

自宅でもっと夫婦間、親子間で、自分の仕事のことを語る機会を作ってはどうでしょうか。**相手のことをよく知れば知るほど親近感が湧くというのは、家族の間でも同じことなのです。**

コロナ禍による在宅勤務の増加は、その絶好の機会にもなります（実際には家にずっといることで、家族の仲が悪くなってしまったという話も聞きますが……）。

第3章で、「自分の失敗談を話せる」ことの重要性についてお話ししました。これもまた、家族の間でも有効だと私は思っています。

今の自分、あるいは子供のときの自分がどんなことを考えていて、どのような悩みを持っていたのか。何に失敗したのか。自分自身の体験からそれを語れば、子供に共感を与えるだけでなく、同じく進路や人間関係に悩む子供にとって、それが一筋の光になったりするものです。

特に男性は、家で仕事の話や失敗談をすることに抵抗感を抱くかもしれません。確かに昭和の時代には「家では仕事のことを話さない」ことを良しとする文化がありました。しかし、今はもう令和です。そんな常識は忘れてしまいましょう。

家族との関係を一歩進めるため、家でもっと自分の仕事のことを話そう。

09 「犠牲を出さない親の介護」のため、これだけは言っておきたいこと

それまで他人事だった「介護」が現実味を帯びてくるのが50代。そこで知っておいてもらいたいのが「頑張らない介護」という考え方だ。

◉介護のコツはただ一つ「人に頼る」こと

以前、飲み会の席でではありますが、義理の親の介護に悩む人から「大塚さんは早くに親を亡くしたからいいよね」と言われたことがあります。なんとも複雑な気持ちになったものですが、それだけ介護というものは人に負担を与えるものなのだと自分を納得させることにしました。

実際、介護に悩む人は多く、50代はまさに「親の介護」がリアルに視野に入ってくる年齢です。

私は父親を子供のときに亡くしましたが、母親と義母はそれぞれ90歳と85歳で健在で

す。また、親の介護と仕事を両立する多くの人を見てきました。

そうした経験からぜひ、介護に際して「これだけ」はやっておくべきことをお伝えしたいと思います。

それは、**「介護は一人で頑張らない」**ということです。言い方を変えれば**「人を頼ろう」**ということになります。

今でも、「親の介護は子供がやるべき」「他人や施設に任せるのは後ろめたいこと」として、家族内だけで介護をしようとする人が少なからずいるようです。しかし、これは最もダメなケースです。介護疲れの結果、親に憎しみの感情を抱いてしまうことすらあります。

公共機関も民間のサービスもフルに利用する。ケアマネージャーさんやヘルパーさんたちの力を存分に借りる。介護と仕事を両立させている人たちに聞くと、誰もがこれこそが介護に際して最も重要なことだと断言します。

⦿以前と大きく変わっている介護施設

50代半ばで親の介護を始めたSさんに聞いた話ですが、最近の介護施設は驚くほど進化しており、以前の常識とはまったく違っているそうです。

Sさんは親と一緒にいくつかの施設の見学に行ったそうですが、麻雀を囲みながらまるで合コンでもやっているかのような楽しそうな雰囲気が流れている施設もあれば、まるでスポーツジムかと思うほどトレーニング設備が充実している施設など、さまざまな個性を持った施設があるそうです。

デイサービスについても、「老人の幼稚園」などというイメージは過去のもの。最近まで母親の介護を続けていたある知人いわく、「今のデイサービスってすごいですね。最初渋っていた自分の母親が、楽しくて行くのを心待ちにするようになった」とのことです。

⦿親も我慢しない、子も我慢しない

「我慢しない」ことが大事なのは親も一緒です。昨今は「暴走老人」などと呼ばれるのが嫌で、過剰なほど「世の中に迷惑をかけたくない」と考えている高齢者が多い気がします。

もちろん、一部にそういう迷惑な人がいるのは事実でしょうが、過剰な我慢は結局、どちらのためにもなりません。

先述のSさんの親はスタッフから名前を「ちゃん」づけで呼ばれたのが気に入らないといって施設を変えたり、「過剰に教えたがる老人が威張っていてイヤ」とデイサービスに通う曜日を変えたりしたそうです。いいことだと思います。

介護する側が「我慢しない」ことは、介護される側に「我慢しなくてもいいんだ」という思いを抱かせます。

介護する側も介護される側もストレスなく過ごせるように、誰も我慢などせずに、臨機応変に対応していくというのが、犠牲者を出さない「令和の介護」のありようなのかもしれません。

親の介護にあたっては、頼れるものはすべて頼ってしまおう。

Column

50代での「10の後悔」とは？

▼後悔を「ランキング形式」にしてみると……

「50代を後悔している人は大勢いる」という話をしました。では、具体的にどんな後悔をしているのでしょうか。

以下は以前、『50代　後悔しない働き方』（青春出版社）という本を発刊した際、50代以降の方に聞いた「50代で後悔していること」を集約し、ランキングにしたものです。

【1位】定年後の人生設計をしておくべきだった
【2位】仕事のモチベーションがどうしても湧かなくなってしまった
【3位】組織の名前ではないアイデンティティを確立できていなかった
【4位】新しい趣味が「暇つぶし」にしかならなかった
【5位】「働かないオジサン・オバサン」になってしまった
【6位】「ちょっと充電してから考えます」と〝思考停止病〟になっていた

【7位】退職金、年金があまりに少なくシュンとしてしまった
【8位】低い条件の再雇用に甘んじてしまった
【9位】「やりたいこと」と「やりたくないこと」のバランスを考えていなかった
【10位】自分の可能性を過小評価していた

ここまで述べてきた内容がほぼ、この「後悔」をしないために必要だということがおわかりいただけると思います。

以下、少し補足すると、4位の「新しい趣味が『暇つぶし』にしかならなかった」については、「最初から暇つぶしくらいの意識でいたら、本当に暇つぶしにしかならなかった」というものです。つまり、50代のうちに「本当に興味のあること」を見つけ出しておかねばならないということです。

10位の「自分の可能性を過小評価していた」は、自分のビジネスパーソンとしての限界を勝手に見切ってしまったことで、本当なら50代でできたであろう人脈作りや能力開発の機会を活かせなかった、という後悔です。

▼結局、「時間」を作ることがすべてのスタートとなる

もう一つ数字を出しましょう。

左ページの図は、月刊『THE21』が2020年5月に行ったアンケート調査の結果で、50代以上の人に「仕事以外で『50代に入る前にしておけばよかった』と思うことはなんですか」と聞いたものです。まさに「50代を後悔しない」ための先達のアドバイスということで注目されます。

この調査によれば、「貯金や投資」という答えが30％で最も高く、次いで「健康習慣」が21・6％、「娯楽や趣味を大切にする」が17・4％となっています。

本書ではこのお金については、あえてあまり触れていません。それだけで1冊分のボリュームが必要な話であり、中途半端に触れることがはばかられたからです。

ただ、どの答えにも言えることですが、結局どれも「時間が必要なこと」であるのは確かです。50代のうちに「仕事一辺倒」の生活を変え、お金にしろ健康にしろ、自分が本当に必要なことに時間を投資するということが重要だと言えるでしょう。

50代以上の方々に質問です。
仕事以外で「50代に入る前にしておけばよかった」
と思うことはなんですか

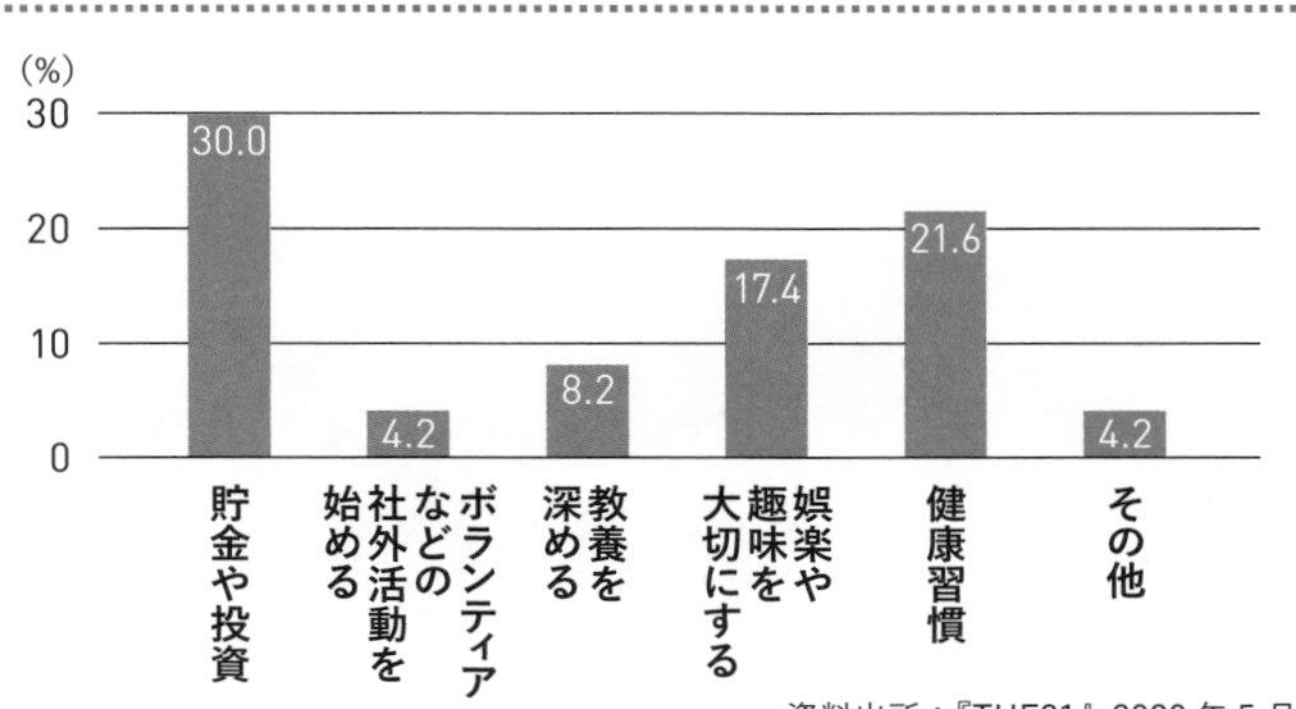

資料出所：『THE21』2020 年 5 月号

第6章

50代で「一生勉強する自分」を手に入れよう

01 50代からは「これだけ」学んでおこう

定年後を豊かに過ごすためには「勉強」が欠かせない。それはわかっていても、すっかり「勉強の習慣」をなくしてしまった人もいるはずだ。

⦿勉強をしない人は一気に老ける？

50代、60代から大学や大学院に入り直して勉強する人が増えているそうです。とてもいいことだと思います。

「学び続ける者はいつまでも若い」(Anyone who keeps learning stays young.) とはヘンリー・フォードの名言ですが、逆に、勉強することを忘れてしまった人は急速に老けていくように思います。自分を若く保つためにも、**「勉強する習慣」をぜひ、50代のうちにつけておいてほしい**と思います。

学びのスタイルも多様化しています。学校や教室に通うのも一つの手ですし、オンラインでさまざまなことを学ぶことができる時代でもあります。

一例を挙げれば、私のメンターである藤原和博氏が主宰する「朝礼だけの学校」というものがあります。

「あなただけの1万時間に没頭する舞台」をコンセプトに、人生後半戦に向けて必要なさまざまなことをオンライン上で学んでいくというものです。私も参加しているのですが、この場に集まっている50代以降の人の向学心は非常に高いと感じます。

ただ、何をどのように学べばいいのか迷っている人も多いと思います。

もちろん、絶対の正解などはなく、学びたいことを学べばいいのですが、ここではその参考になりそうなお話をいくつかさせていただければと思います。

◉「学び直し」はモチベーションアップに最適

一つは、**かつて一度学んだことの「学び直し」を意識する**ことです。

学生時代に真剣に学んでいたけれど、社会人になってすっかり忘れてしまった、ということは誰にでもあるはずです。しかし、若い頃に学んだことは脳のどこかに残っており、勉強を再開すると意外なほど鮮明によみがえってくるものだそうです。

学生時代にロシア語を勉強していたBさん。日常会話くらいなら問題ないレベルまで上達していたそうですが、就職後はロシア語を使う機会もなく、一時はすっかり忘れていたそうです。

しかし、50代になって時間ができたこともあり勉強を再開。すると何よりも「耳が覚えていた」そうで、聞き取りの能力を中心に短時間で驚くほど上達したそうです。こうなると勉強が楽しくて仕方なくなり、夢中になっているうちにすっかり当時と同レベルの語学力が復活したとのことでした。

このBさんの事例からもわかる通り、上達スピードが速いとモチベーションがぐんと上がります。そして、**若い頃に一度頭に入れた分野は、上達スピードが格段に速くなる**のです。ちなみにこれは勉強に限らず、スポーツや楽器なども同じだそうです。つまり「身体が覚えている」という状態です。

あなたが学生の頃に真剣に学んだこと、あるいは没頭した趣味を思い出してみてください。勉強の習慣を取り戻す第一歩は「学び直し」が最適かもしれません。

また、50代ともなると、自分の向き・不向きがなんとなく見えてきます。**自分が向いていることを突き詰めたほうが効率も上がり、「○○に強い人」という印象を周囲に与えることもできる**でしょう。そのほうが意外な人脈や仕事につながる可能性も高くなるはずです。

もちろん、好奇心の赴くままに広く浅くいろいろなことを知ろうとする勉強を否定するものではありませんが、50歳からは「一つのことを突き詰める」こともぜひ、意識してほしいと思います。

⦿「不本意な状況」を学びのチャンスにする

最後に、**「環境の変化に対応した学び」**です。

ここまで何度か述べてきたように、50代というのは思いもよらぬ環境変化が訪れる時期でもあります。転職や子会社への出向、あるいは親の介護などの環境変化は、落ち着いて勉強することへのネックとなるように思います。

しかし、その環境変化を学びのチャンスとした人もいます。

大型リチウムイオン電池を手がけるベンチャー企業「エリーパワー」を69歳で立ち上げたことで知られる吉田博一氏は、元々は住友銀行（当時）で副頭取まで務めた人物です。しかし、52歳のとき、上との方針の違いからか、急にロンドンへの転勤を命じられたそうです。

しかし、そこで腐らず、せっかくなので英語を習得する機会にしようと勉強に励みました。ここで得た英語力と、イギリスおよびヨーロッパの文化に広く触れたことが、その後の人生に大きく役立ったといいます（月刊『ＴＨＥ21』２０２０年10月号のインタビューより）。

もう一つ、著名人の事例を。80代でiPhone用のアプリ開発を行い、「世界最高齢のプログラマー」として知られる若宮正子さん。アップルのティム・クック氏と面会したことでも話題となりましたが、彼女がパソコンを始めたのはなんと60代になってから。しかもその理由は、母親の介護のために外出が自由にできなくなったことなのだそうです。しかし外に出られないなら、パソコンやインターネットを学んで外とつながろうと思ったことが、勉強を始めた理由だったのです。

こうした人たちの話を聞いていると、**「時間がないから」「環境が整わないから」という理由で勉強をしないことが、「言い訳」に過ぎない**ことがわかります。今日からぜひ、学びの習慣を取り戻してほしいと思います。

勉強の習慣を取り戻すために「かつて学んだことの学び直し」から始めてみよう。

02 勉強習慣の復活のカギは「時間の予約」と「高価な椅子」!?

勉強を継続させるには、その「環境」にもこだわりたい。自分にプレッシャーを与えるため、ある程度の投資をしてしまうという手もある。

⊙「まずは2時間」から始めよう

常に新たな知識のアップデートが必要な技術系の人はともかく、営業系や企画系の仕事をずっとやってきた人の中には「机の前で勉強するのは学生時代以来」という人もいるかもしれません。仕事の知識は座学よりも実践だ、という主張を持っている人もいるでしょう。

ただ、60代、70代になっても経済的にも精神的にも豊かに過ごしている人たちの話を聞くと、**現役時代から「週末の数時間は机に向かって勉強する」という習慣を持っていた人が多い**ことがわかります。前述したように、学びを忘れた人は急速に老けていく傾います。

向があります。ぜひ、50代のうちに「机の前で勉強する習慣」を取り戻してほしいと思います。

「机の前で勉強する習慣」を取り戻すためにまずお勧めしたいのが、**「勉強時間を予約する」**ことです。

私が多くの人から話を聞いた限りでは、週末にその時間をあてている人が多かったのですが、自分の都合のいい時間なら、いつでもいいと思います。「火曜、木曜に早起きして1時間ずつ」「水曜はなるべく早く帰って自宅で2時間」などでもまったく問題ありません。まずは「週2時間」を目安に、無理のない範囲で時間を増やしていくのがいいでしょう。

また、勉強時間を増やしていく場合、「土曜に一気に6時間」よりも、「3日に分けて2時間ずつ」などと分割することをお勧めします。

理由はまず、人間の集中力はそれほど長くは持たないということ。実際には2時間でも長く、45分くらいが集中力の続く上限だと言う専門家もいます。

さらに、頭に入れた知識は睡眠を経て定着し、その後復習することでより確実になると言われています。この記憶のプロセスを考えると、**こまめに学習と復習を繰り返すほうが効率的**だと考えられるからです。

⦿数十万円の椅子を買ってしまえば、もう勉強せざるを得ない？

「自宅では集中できない」という人は、カフェや図書館などで勉強するのもいいでしょう。ただ、ここで一つ、お勧めしたいことがあります。

それは、**「良い椅子と良い机を購入してしまうこと」**です。

コロナ禍においてリモートワークが急速に広まると同時に、「座り心地の良い椅子」が爆発的に売れたそうです。ゲームをやる人用に長時間座っていても疲れないように工夫された「ゲーミングチェア」を仕事用に使っている人も多いようです。

環境を整えることでより集中したいということだと思いますが、これは勉強に対しても同じです。「良い椅子」を買うことで、自分に「勉強しなくては」というプレッシャーを与えてしまいましょう。

椅子の価格はピンキリで、それこそ高いものは一脚で数十万円するようなものもあります。長く使うことを考えて、ある程度奮発していいと思います。

⦿机は「広さ」にこだわりたい

机に関しては性能よりも、「広さ」が重要です。パソコンを置いたうえで、ノートと参考書を広げられるくらいのスペースが最低限欲しいところです。

また、机の上に余計なものを置きっぱなしにしておくと、それが勉強しようという意欲の妨げになってしまいます。人は視界に入るものが多ければ多いほど、知らず知らずのうちに集中力を削がれてしまうからです。集中力を保つためには、日頃から整理整頓にもこだわりたいところです。

他にも、「照明」や「筆記具」など、こだわるポイントはいろいろあります。少しお金をかけてでも、自分が一番勉強に集中できる形を整えることが、勉強の習慣を復活させる第一歩となるかもしれません。

Point

勉強の習慣を取り戻すために「形から入る」のは全然アリ。

03

50代からの勉強は「何はともあれアウトプット」

最近「アウトプット」という言葉をよく聞く。インプットだけでなく、アウトプットを重視すべきということだが、果たしてなんの意味があるのだろうか。

⦿読んでくれなくてもいい。「出す」ことに意味がある

「50代こそアウトプットを意識せよ」――そのことを痛感したのは、Tさんという当時50代半ばの先輩から話を聞いたときのことです。

この人は超がつくほど博識な人物で、とんでもない蔵書家でもありました。引っ越しのとき、本だけで段ボール箱600箱にもなったというのですから驚きです。

そんな彼は読んだ本のことだけではなく、「いつ、誰と、何を食べたか」を毎日、欠かさず記録していたのです。栄養士さんからその情報を元に食事指導を受けたこともあるそうですが、それはあくまでついでであり、「書き記すこと」そのものが目的とのこ

とでした。

それを聞いて私は「どんな形でもいいので、アウトプットするということが重要なのだ」ということに気づきました。その理由は、**「頭の中のものを外に出す」ことで、自分の頭に空きができる**という感覚になることです。

50代ともなれば、頭の中にはこれまで得てきたさまざまな知識やノウハウがパンパンに詰まっているはずです。それを使うからこそ仕事がスムーズに進むわけですが、一方で、仕事がすんなりと進んでしまうからこそ、新しい知識を手に入れようという欲求が湧いてこないのです。

アウトプットすることで強制的に自分の中に空きを作らないと、新しいことを学ぶ意欲が起きない。私はアウトプットの重要性をそう解釈しています。

⊙ノーベル賞作家も「記録」をつけていた

もう一つは、日々のアウトプットが自分に「気づき」を与えるという効果です。

Tさんも食事の記録をつけることで、「最近同じものばかり食べているな」などの発見があったそうです。つまり、**記録を取ることは自身に「気づき」というフィードバッ**

ク を与え、無意識に「今日は昨日と同じにならないよう」新しい行動を促すのです。

ノーベル賞作家でもある文豪ヘミングウェイはその日書いた文字数を記録し続けたといいますが、これも日々のマンネリを防ぐことに効果があったのではないでしょうか。

偉人がよく「日記」をつけるのも、同じ理由からでしょう。ただ、日記をつけてみようとしたけれど、続かなかったという人は多いはず。ならば、「食べたもの」「読んだ本」だけでもよいのです。まずは「アウトプットの習慣」をつけることが大事です。

⦿フィードバックが習慣化につながる

アウトプットをしたところで、そのアウトプットを誰も読んでくれなければ意味がないと主張する人もいますが、私はそうではないと考えます。**誰が読もうが読むまいが、「アウトプットすることそのもの」に意味がある**のです。

とはいえ、もちろん誰かがそのアウトプットを読んでくれるのならば、それは励みになります。

金融機関にて管理職を務め、その後関連会社に出向したRさん。ちょうどその頃、元々の趣味だったゴルフを辞め、もう一つの趣味だった読書に集中するようになったそうです。さらに、読んだ感想や意見を新聞や雑誌に投稿するようになりました。実際に掲載され、編集者のフィードバックがもらえることがやりがいにつながっているそうです。

Oさんは趣味の川柳の投稿を50代から始めたそうです。実は川柳や俳句を趣味にする人は非常に多く、専門誌だけでなく多くの新聞が投稿を募集しており、掲載はかなりの狭き門。それだけに掲載されるとモチベーションが上がるそうです。

こうした習慣はアウトプットを継続化するのに大いに役立ちそうです。もちろん、ブログやフェイスブックなどのSNSへ投稿したり、書評サイトに書評を書くといったことでもいいでしょう。「アウトプットの習慣化」をぜひ、意識してみてください。

精神科医の樺沢紫苑氏はベストセラーとなった著書『アウトプット大全』（サンクチュアリ出版）の中で、「インプットとアウトプットとの黄金比は3：7」と書かれていますが、まさにそのくらいの比率がちょうどいいと思います。

Point

「アウトプット」をすることで、頭の中に余白を作ろう。

04

仕事モードはNG！ 50代に求められる「自分プレゼン力」とは？

実は50代からの人間関係においては、初対面の人が増える。そんな人たちに対して、あなたは端的かつ効果的な「自分プレゼン」ができますか。

⊙「自分は何者か」を端的に伝えられるように

第3章で「50代からは新しいスキルを身につけるより、今持っているスキルを伸ばすべき」と述べました。ただ一つ、例外的に50代で身につけておきたいスキルがあります。それは「プレゼン」のスキルです。

それも、商品やサービスのプレゼンではなく、自分自身をプレゼンするスキル。つまり、「自分プレゼン」のスキルです。

50代以降は、新しい人間関係の中にいやおうなく飛び込まざるを得なくなることが増えます。転職はもちろん、社内にいても異動や出向になる可能性がありますし、定年後は新たな趣味のコミュニティに参加することも増えてくるでしょう。

当然、新しい人との出会いが増えます。その際、**「自分は何者か」を端的に話すスキルが必要になる**のです。

自分をプレゼンする目的によってもちろん、伝える内容は違ってきます。しかし、その中に共通するポイントをここではお伝えしたいと思います。

◉「初対面で好かれるプレゼン」三つのコツ

まず一つ目のコツは、**「サービス精神を発揮する」**ということです。

具体的には、自分が話したいことではなく、相手が聞きたいと思うことを話すのです。

仮に転職の面接だとすると、相手の面接官は「この人は信用できるか」「この人の実績は本物か」「この人と一緒に働きたいか」などを気にするはずです。ならば、それを証明できるようなことをエピソードつきで話すことで、相手の聞きたいことを自分から「サービス」するということです。

一方、趣味のコミュニティにおいて、相手の仕事の実績を聞きたいなどと思う人はいません。そこで「自分はいかに実績があるか」を話しても、かえって疎まれるだけです。

この場合、相手が求めているのは「自分との共通点」でしょう。出身地や好み、今の趣味はどのくらいやっているのか、あるいは初心者か、他にどんな趣味があるのか……などの情報を端的に提供して、なるべく多くの共通点を見つけ出してもらうのがポイントです。

⊙仕事で身につけたプレゼン力はあえて忘れる

もう一つのコツは、**「感情移入させる」**です。具体的には、自慢話や武勇伝よりも「できなかったこと」「くやしかったこと」「失敗」といったマイナスの話をすること。ここまで何度も述べてきたように、過去の失敗や挫折を面白おかしく語れる人間には親しみが湧くとともに、失敗に動じない「器の広い人物」という印象を与えます。

これは再就職面接などでも有効です。もちろん、実績も大事ですが、一緒に働く以上、「近くにいて気分のいい人」を選びたくなるのは当然だからです。

そして三つ目が**「表情」**。具体的には「笑顔」になります。

50代ともなるとプライドが邪魔をするのか、どうも笑顔がぎこちない人が多いのですが、結局、相手に好印象を与えるかどうかは笑顔がすべてと言っても過言ではありません。どうも自分の笑顔がぎこちないと感じる人は、鏡を見て、口角を上げる練習をしてみましょう。それだけでもだいぶ印象が変わるはずです。スマホやタブレットで録画して見てみるのも効果的です。

仕事の中で独自のプレゼン能力を身につけてきた人も多いでしょう。しかし、それが「押しの強い」ものだと、逆効果になる可能性があります。**50代からはもっと肩の力を抜いた「自分プレゼン力」を身につける**ようにしましょう。

「自分プレゼン」を成功させるため、自分の中の「サービス精神」を起動しよう。

05 アウトドア系趣味とインドア系趣味を「両方持つ」

「定年後に向けて趣味を持っておくべき」というのはもはや言うまでもない話。できれば趣味は二つ、タイプの違うものを持っておくべきだというのだが、その理由とは？

⦿「ゴルフ三昧」の生活が破綻してしまった理由とは？

「定年後に向けて趣味を持て」ということは、いろいろなところで言われています。定年後は仕事の時間がぽっかりなくなり、その時間を何かで埋めなくてはなりません。そんな定年後の時間を楽しく過ごすには趣味が必要であり、さらに、趣味でつながる仲間が必須だということです。

ただ、そんな当たり前のことを言っても面白くないので、ここでは、一歩進んだアドバイスを。それは**「趣味はアウトドア系とインドア系、両方持っておくべき」**というものです。

実はこのアドバイス、現在70代の私の尊敬する先輩からの「申し送り事項」でもあります。

その人物とは、商社で人事部長を最後に役職定年し、65歳で完全リタイアしたSさんです。現役時代から大のゴルフ好きで、シングルプレーヤーの腕前。定年後はゴルフ三昧の生活をしようと、家の近くにあるゴルフ場の会員権を大枚はたいて買ったほどです（とはいえ、バブル期の10分の1の価格だったそうですが）。

そんなSさんからの年賀状に、ある年なぜか「テニスをやっています」との近況報告がありました。あんなに大好きだったゴルフをどうしたのだろうと連絡してみると、なんとSさんは「脊柱管狭窄症（せきちゅうかんきょうさく）」になり、大好きなゴルフができなくなってしまったのだそうです。

また、ゴルフはそもそも、お金のかかるスポーツです。いくら会員権を持っていても、実際には「ゴルフ三昧」の生活は難しいというのが現実だったとのことです。

Sさんはそんな自身の経験から、**「50代のうちにアウトドア系の趣味だけでなく、インドア系の趣味も持っておいたほうがいい」**と強調しているのです。

もちろん、70代はおろか80代になってもゴルフなどのスポーツを続けている人はたくさんいます。しかし、思いがけない病気でできなくなるということは十分にあり得ることなのです。

病気にはならなくても、体力や筋力の衰えでスコアが落ちてきたり、慢性的な身体の痛みでプレイに集中できなくなることで、大好きだったスポーツがつまらなくなってしまった、という話はとてもよく聞きます。**若い頃に上手だった人ほど、そのイメージとのギャップに戸惑い、やめてしまうことが多い**とも聞きます。

そして、趣味を失い、身体を動かすこともしなくなったことで、急速に老けていってしまう……。だからこそ、身体を動かさずとも楽しめるインドア系の趣味を持っておくべきだというのです。

⦿インドア派は体力の衰えに注意

これは「逆もまたしかり」です。インドア系の趣味しか持っていない人は、どうしても定年後に引きこもりがちになります。老化は足腰から来るといいます。アウトドアの趣味を持てば自然と外に出ることになり、体力の維持にもつながります。

インド系の趣味に関しては、なるべく「仲間」を作ることを意識してもらいたいと思います。それが外に出るきっかけにもなるからです。

例えば、歴史好きな人の中には、まるで学生時代のゼミのように定期的に集まっては、研究成果を発表し、議論を続けている人もいます。スパイスに凝り、定期的に仲間を集めて昼食会を開いている人もいます。

「インドア、アウトドア両方の要素を持つ趣味」もあります。例えば「お寺の研究」をライフワークにしているある人物は、調査を兼ねて全国のお寺を巡っています。

ちょっとカッコ悪いと思う人もいるかもしれませんが、行政が運営するカルチャーセンターや体育館などで開催されている講座に入ってみるのもいいと思います。アウトドアの講座もインドアの講座も幅広くあり、「フラダンス」や「なぎなた」など、ここでしか学べないような趣味もあり、なかなか興味深いものです。

仕事以外の「生きがい」としての趣味は、アウトドア系、インドア系の二段構えで。

06 定年前に身につけておきたい「お金の教養」

50代のうちに勉強しておきたいことの一つに「お金」がある。定年後にいきなり投資に手を出して後悔しないために、今から少しずつでも始めておきたい。

⦿「退職金でいきなり投資」は本当に危険

「定年後に退職金を使って投資デビュー。しかし大失敗し、退職金がパーになってしまい、老後資金すら不足することに……」

そんなホラーな話を聞いたことがある人もいると思います。これは他人事ではありません。私の周りでも、ゼロとまではいかなくても、証券営業マンの言いなりになって怪しい投資商品に手を出し、少なくない額の退職金を失ったという話はしばしば耳にします。

そうならないためには、早いうちから「お金についての勉強」をしておくことが不可欠です。

もちろん、書籍を読むなどの座学もいいのですが、できれば実際に「投資」というものを体験しておくことをお勧めいたします。

ある程度の余裕資金があるのでしたら、少額でいいので「趣味と実益を兼ねた」投資をやってみるのはいかがでしょうか。**稼ぐというより、「脳トレ」感覚で投資をやってみる**のです。

⦿投資は「脳トレ」になる？

主婦のAさんは50歳から開始した投資が、認知症予防の「脳トレ」として役立っていると実感しているといいます。株に投資をすることで社会の動きを気にするようになるとともに、成功や失敗を繰り返すことによって精神的にも強くなったと実感しているとのこと。すでに当初目標としていた金額は達成しているのですが、いまだに少しずつ投資を続けているそうです。

これは非常に大事なことです。定年後は社会との接点が少なくなってしまうため、外部からの刺激が得られにくくなります。その点、株式投資をすることで、外に目が向くというのは非常に大きなメリットなのです。

他にも、外貨預金や外国株式への投資で、世界経済へのアンテナを張っておくというのもいいと思います。今ではオンラインでこうした投資が簡単にできます。アプリを使って手軽に、ある意味ゲーム感覚で資産運用をすることも可能です。

もちろん、本当にゲーム感覚で大枚を失っては元も子もありませんが、スマホゲームをやるよりよほどいい「脳トレ」になるように思います。

⦿「老後2000万円」では足りない？

ところで、老後に必要な資金については諸説ありますが、最も広く流布しているのは「2000万円」という数字でしょう。

青山学院大学大学院教授の榊原正幸氏によると、「老後に2000万円必要になる」という話の根拠となっているのは、金融庁の「金融審議会市場ワーキング・グループ報告書『高齢社会における資産形成・管理』」という資料の中の、

「（中略）収入と支出の差である不足額5万円が毎月発生する場合には、20年で約1300万円、30年で約2000万円の取崩しが必要になる」

という記述だそうです。

ただし、この資料をよく読むと、特別な支出（老人ホームなどの介護費用や住宅リフォーム費用など）などが含まれていないそうで、榊原氏の試算では、**実際に必要となるのは夫婦で約3000万円というのが現実的な数字**なのだそうです。

2000万円と3000万円は結構な違いです。では、それを本当に準備できるのか……。そのためには50代のうちから家計の見直しが必要となる家庭もあるでしょう。

その意味でも、「お金の勉強」は早めにやっておいたほうがいいのです。そして、節約にしろ投資にしろ、やるべきことは今すぐ始めておきましょう。

50代での「お金の勉強」は、「これだけ」は必ずやっておくべきことの一つだ。

Column

リアルすぎる「職務経歴書」を用意しておこう

▼「どこを切っても血が出るような」リアルな経歴書を

50代になってからの転職を考えるにあたり、必ず必要になるものがあります。それが「職務経歴書」です。

要するに、今までどのような職歴を経てきたかをまとめたものですが、これについてはよく「職務経歴書は1～2枚にまとめなさい」「これまでに担当したことのある職務をシンプルに箇条書きに」などというアドバイスがあります。

ただ、これはあくまで職歴の長くない20代、30代に向けてのもの。50代の職務経歴書は、もっとしっかり書き込まねばなりません。あなたという人間の人となり、何をやってきたか、何に強みを持つ人か、どんな価値が生み出せる人か、どんな結果を生み出してきた人なのかが、文章を読めばありありとわかるようなものでなくてはなりません。ぜひ会ってみたくなる「物語」にすべきなのです。

いわば、どこを切っても血が出るような「血の通った」職務経歴書。そうでなくては、面接にすらたどり着けません。

枚数で言えば3～5ページくらいでしょうか。一度制限を設けずに書いてみて、その後短くするのがポイントです。

また、アメリカのレジュメのように、直近の職歴から書くのがベター。審査をする側としては30年前に何をやっていたかより、直近の話が重要だからです。履歴書とは順番が逆になりますが、それで構いません。

書き方としては、「どのような課題があったか」→「それをどのように解決したか」の繰り返しになります。

【ステップ1】

まずは第2章で述べた「14の質問」で、自分を徹底的に分析します。

【ステップ2】

分析した自分の過去の中から、これまでのキャリアで「一番誇れる仕事」を選び、次の①～⑤の切り口で記述していきましょう。あなた自身の「物語」のクライマックス部分、職務経歴書の心臓部と言ってもいいでしょう。一つに絞り込めない場合は、複数でも構いません。

①それは、どこでなんの仕事をしていたときか？

②そのときの出来事やエピソード（困難の克服や、やり遂げたこと、職務の難易度、周りからの評価も）

③そのときに大切にしていたこと

④そのことによって上司、同僚、部下、顧客、部門、会社がどう変わったか？

⑤「④」の事実をどう思うか？

この①～⑤の順に進めれば、自動的に物語の骨格が出来上がるので、文章を書くのが苦手な人でも「物語」が書けるようになるはずです。

【ステップ3】

直近のキャリアから過去にさかのぼりながら、職務ごとに【ステップ2】の①～⑤を記述してみましょう。すべての職歴をさかのぼることで、自分自身でも意識したことのなかったような物語がそこに眠っていることに気づくかもしれないからです。

【ステップ4】

ここまでの情報を編集し、実際に記述していきます。まずは直近の10年をメインに書いていきます。Ａ４で5ページは超えないくらいの長さにします。

この10年でずっと同じ職種の人は、エピソードの数を増やすようにしましょう。

逆に異動や転職が多く、直近10年以前の内容を詳細に書くと5ページを超えてしまう場合は、直近10年以前については【ステップ２】の①②だけの記述に絞りましょう。

【ステップ5】

最後のステップは推敲です。何度も読み直し、より説得力のある内容に仕上げていきます。この際に、第三者に読んでもらい、意見を聞くのもいいでしょう。

この職務経歴書を作っておくことは、転職を考えている人はもちろんですが、そうでない人にとっても、自分のこれまでの会社人生を振り返り、自分の本当にやりたいことや強みを発見することに役立つはずです。ぜひ一度、やってみてください。

〈著者略歴〉

大塚寿（おおつか・ひさし）

1962年、群馬県生まれ。株式会社リクルートを経て、サンダーバード国際経営大学院でMBA取得。現在、オーダーメイド型企業研修を展開するエマメイコーポレーション代表取締役。

サボるのが大好きだった当然の報いとして高校・大学・就職とも第1志望に入れず、悶々とした日々を過ごす。ゼミの先輩の勧めからリクルートに入社後、上司、先輩、全事業部の仕事のできる先輩、社外の大手・中小企業の経営者、管理職に片っ端からアドバイスを求める。そこで仕事ができるようになる方法や競争力のあるキャリアデザイン、さらに「後悔しない方法」を聞き実践した結果、人生が好転、自己実現を果たす。インタビューは今も継続中で、人数は1万人を超える。歴史上の成功者や偉人よりも、身近な人の成功、失敗から学ぶことの合理性を痛感している。著書にシリーズ28万部のベストセラー『40代を後悔しない50のリスト』（ダイヤモンド社）、『できる40代は、「これ」しかやらない』（PHP研究所）、『＜営業サプリ式＞大塚寿の「売れる営業力」養成講座』（日本実業出版社）など20数冊がある。

〈エマメイコーポレーションオフィシャルサイト〉

https://emamay.com

装丁――――――――――小口翔平+後藤司（tobufune）

図版・本文デザイン――――桜井勝志

編集協力――――――――スタジオ・チャックモール

50歳からは、「これ」しかやらない
1万人に聞いてわかった「会社人生」の上手な終わらせ方

2021年7月1日　第1版第1刷発行
2021年12月6日　第1版第6刷発行

著　者　大塚　寿
発行者　永田貴之
発行所　株式会社PHP研究所
東京本部　〒135-8137　江東区豊洲5-6-52
第二制作部　☎03-3520-9619（編集）
普及部　☎03-3520-9630（販売）
京都本部　〒601-8411　京都市南区西九条北ノ内町11
PHP INTERFACE　https://www.php.co.jp/

組　版　有限会社エヴリ・シンク
印刷所　株式会社光邦
製本所　東京美術紙工協業組合

 ISBN978-4-569-84975-1